KB137315

THE INFOGRAPHIC GUIDE TO
AMERICAN GOVERNMENT
어렵지만
알고싶어
미국정치

어렵지만 알고 싶어 시리즈 1
_미국정치

어렵지만 알고싶어 미국정치

자라 컨, 카리사 라이틀 지음 • 강보미 옮김

THE INFOGRAPHIC GUIDE TO
AMERICAN GOVERNMENT

Published by arrangement with Adams Media, an imprint of Simon & Schuster, Inc.,
1230 Avenue of the Americas, New York, NY 10020, USA.

Interior design by Carissa Lytle at Right Angle Studio, Inc.
Interior images © iStockphoto, Shutterstock, and Right Angle Studio, Inc.

차례

1장

만들어지고 있는 역사 :
미국 정부 수립

2장

미국 정부 구조

3장

민주주의 실현 : 선거와 투표

4장

대통령과 행정부의 리더십

5장

미국 지방 정부

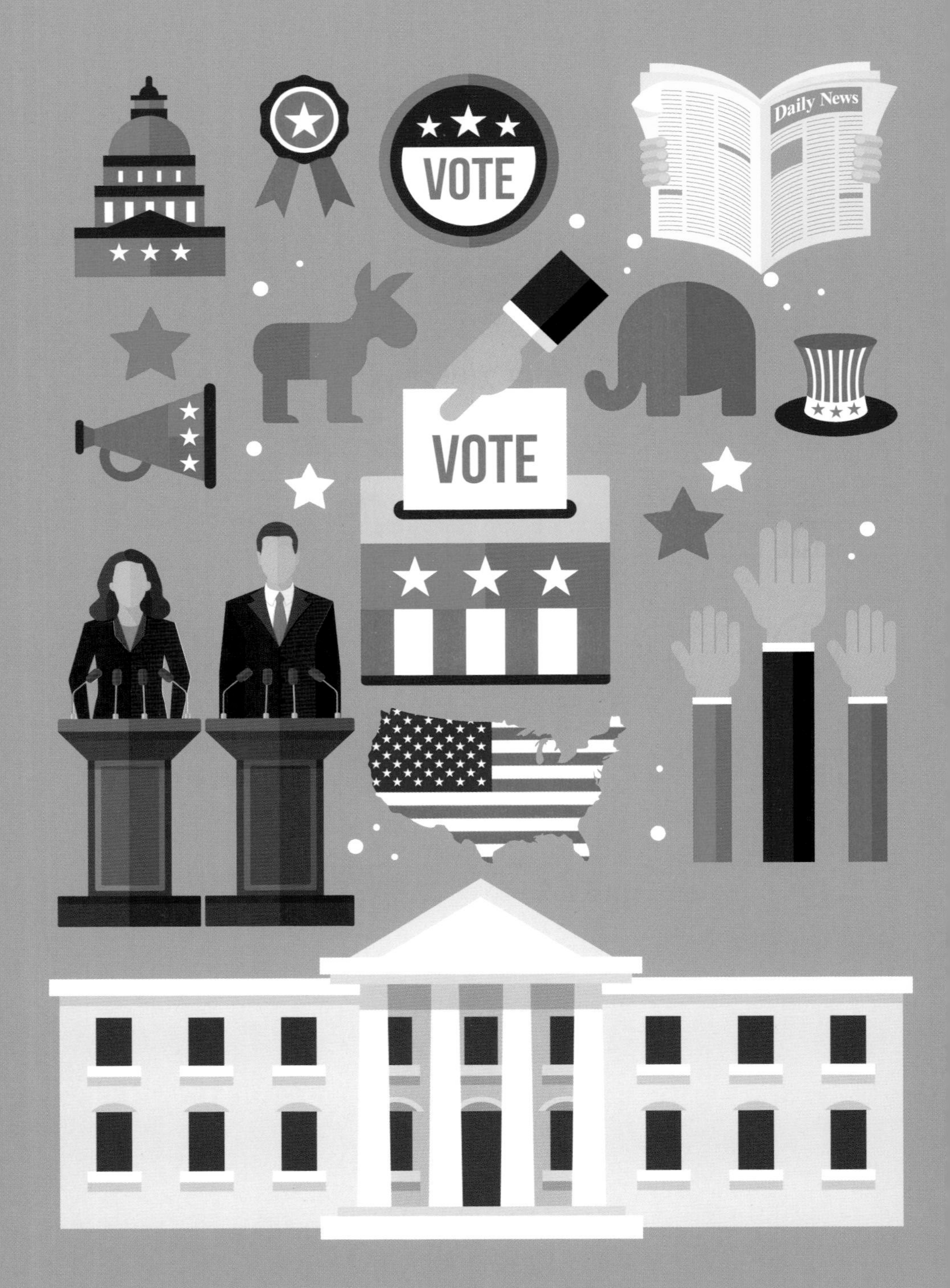
VOTE
Daily News
VOTE

머리말

헌법 제정자들은 1776년 독립선언 이후 미국을 휩쓸었던 다양성과 변화를 예견할 수 없었을 것입니다. 그런데도 그들은 무려 2세기가 넘는 시간 동안 나라가 적응하고 번창을 이룰 수 있도록 한 '정부'를 세웠으며, 전 세계 많은 민주주의 국가에 선례를 남겼습니다.

물론 미국 정부 구조의 거대함과 세세함이 복잡하고 이해하기 어려울 수 있습니다. 그것이 바로 이 책이 필요한 이유입니다. 이 책은 미국 정부의 기본 원리를 체계화하고 단순화했으며, 그렇게 나온 50가지 주제를 이해하기 쉽도록 다양한 색상을 사용해 설명합니다. 여러분은 이 책을 길잡이 삼아 미국 민주주의의 핵심 요소를 배울 수 있을 것입니다. 중간 선거와 대선을 통해 미국의 투표 과정을 알아보고 이익 집단과 로비스트가 정부에 어떤 영향을 주는지도 살필 것입니다. 정치 제도에서 삼부가 함께 어떻게 기능하는지도 알 수 있습니다. 책의 각 항목에서 언론 자유의 힘과 선거인단 활동, 탄핵의 기본 사항 그리고 그 외에도 미국 정치의 많은 내용을 다룰 것입니다.

미국 정부의 역사에 관심이 있는 분, 오늘날 미국 정치 제도가 어떻게 작동하는지 궁금한 분들에게 『어렵지만 알고 싶어 미국정치』는 알고자 했던 모든 내용을 흥미로운 인포그래픽으로 쉽게 풀어 설명합니다.

1장

만들어지고 있는 역사 : 미국 정부 수립

1685-1815

계몽주의:
새로운 사고방식

건국의 아버지들*이 새로운 나라를
생각하기도 전에, 계몽주의의 이상은 **자유**와
민주주의 그리고 **평등**에서 영감을 받아
새로운 사고방식을 만들어냈다.

*미국 초기 대통령 5명과 미국 독립선언에
참여한 정치인들

주요 개념 & 이상 :

- 해방
- 자유
- 정의
- 이성
- 과학적 방법
- 군주제와 귀족제 거부
- 종교, 특히 가톨릭교회에 회의

이성의 시대

계몽주의는 1685년에서 1815년에 걸쳐
유럽과 북아메리카 대륙에서 전개된 철학 운동이다.
계몽주의는 영국, 아메리카, 프랑스에서 사회 혁명을 촉발했다.

주요 사상가

토머스 홉스
『*리바이어던*』(1651)

존 로크
『*통치론 제2론*』(1689)

샤를 드 세콩다, 몽테스키외 남작
『*법의 정신*』(1748)

미국에 끼친 영향

저명한 유럽 사상가들의 견해와 몇몇 초기 문서는 새로운 정부의 기초를 다졌다.

1620 **메이플라워 서약** —
신대륙에 관한 모든 통치 권한은 정착민의 동의에서 나온다.

1628 **권리청원** —
하원의원에게 통치에 대한 발언권을 보장한다.

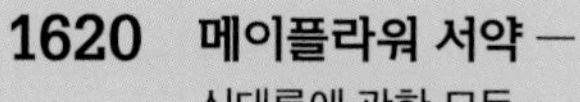

1689 **권리장전** —
범죄 혐의자에게 일정한 권리를 부여하고, 자유 선거를 보장한다.

13개 식민지

미국
정부 이야기는
최초(1600년 전후)로
북아메리카에 생긴
영국인 정착촌에서 시작된다.

통치의 유형

각 식민지는 세 가지 범주 중 하나에 속한다.

특허 식민지

왕이 수여한
특허장에
의한 통치

영주령 식민지

왕이 수여한
특허장을 지닌
영주가 총독을
임명

왕령 식민지

왕이 임명한
총독이 통치하고
식민지 주민이
하원 구성

초기 식민지

로어노크 섬,
노스캐롤라이나주, 1580년대—
최초의 식민지,
미스터리한 주민 증발 사건

제임스타운,
버지니아주, 1607—
최초의 영구 정착지
그리고 무역 전초 기지

플리머스,
매사추세츠주, 1620—
'순례의 조상들(필그림
파더스)' 상륙

13개 식민지

1732년까지 북아메리카 대륙에 모두 13개의 식민지가 생겼고, 번영했다.

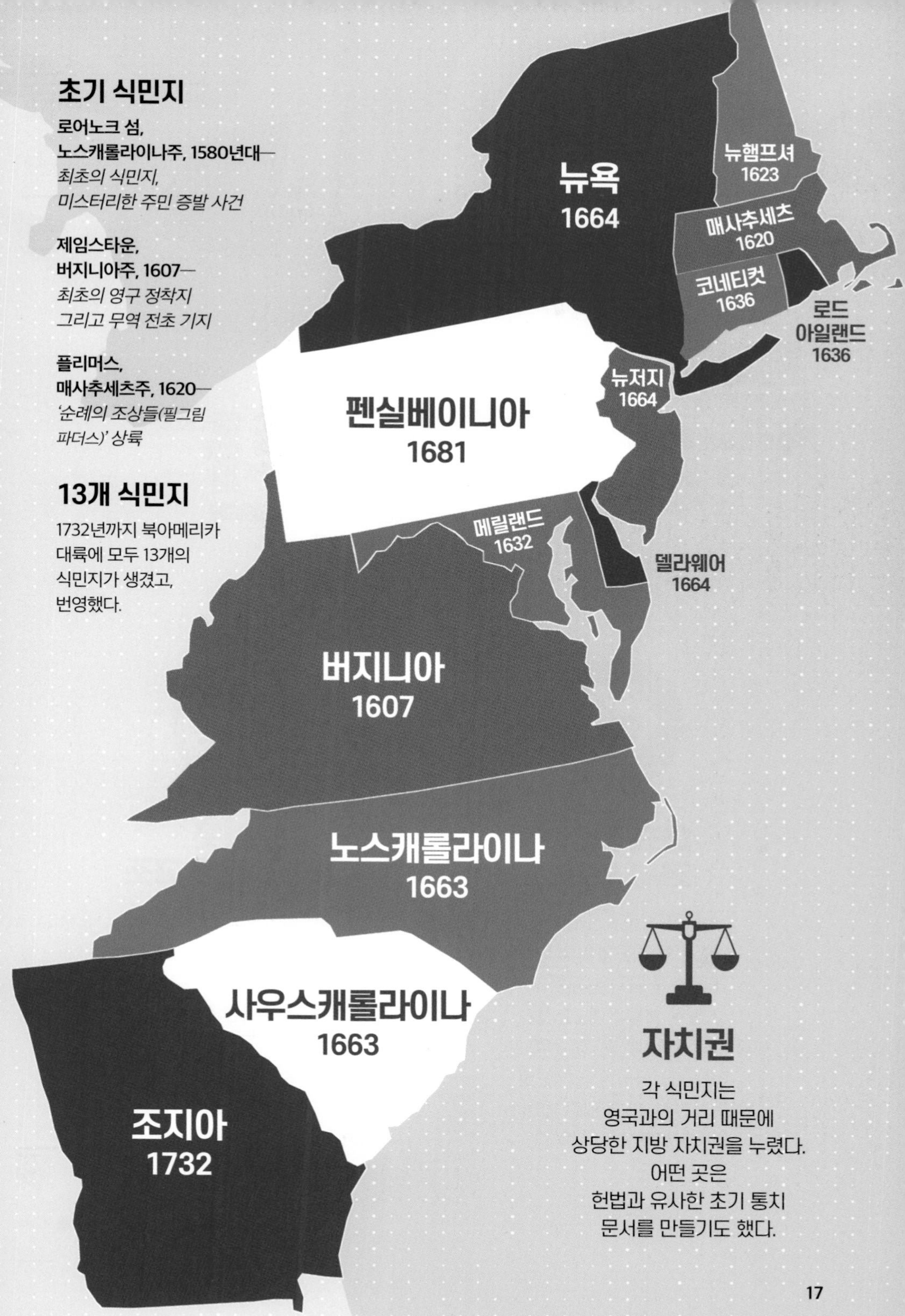

뉴욕
1664

뉴햄프셔
1623

매사추세츠
1620

코네티컷
1636

로드
아일랜드
1636

뉴저지
1664

펜실베이니아
1681

메릴랜드
1632

델라웨어
1664

버지니아
1607

노스캐롤라이나
1663

사우스캐롤라이나
1663

조지아
1732

자치권

각 식민지는
영국과의 거리 때문에
상당한 지방 자치권을 누렸다.
어떤 곳은
헌법과 유사한 초기 통치
문서를 만들기도 했다.

분노와 반란

대표 없이 과세 없다

식민지인은 정부에 발언할 권리도 없이 세금을 부담하게 되자 분개했다. 이들은 계몽주의 이상을 받아들였기에 영국이 갑자기 지휘권을 휘두르자 분노로 끓어올랐다. 이에 대한 반대는 식민지인을 하나로 묶었다.

보이콧 그리고 긴장 고조

식민지인은 세금 부과에 항의하려고 영국 상품 불매 운동을 벌였다. 이러한 시위로 영국 의회는 차를 제외한 모든 상품에 부과하는 세금을 폐지했다. 그러나 1760년대와 1770년대를 거치면서 긴장은 계속 고조됐다.

유익한 방임 시대 (1690-1763)

영국과 식민지의 관계는 원만했다. 북아메리카와 영국은
멀리 떨어져 있었기에 식민지인은 상당한 자유를 누렸다.
1760년대에 영국 정부가 식민지에 새로운 세금을 부과하면서
갈등이 고조됐고, 이는 결국 미국 혁명으로 이어졌다.

빈 곳간

7년에 걸친 프렌치 · 인디언 전쟁 이후 영국은 파산 직전이었다.
영국은 재정을 마련하고자 처음으로 아래와 같은 법을 제정해
식민지에 세금을 부과하기 시작했다.

1764 설탕법—당밀과 설탕 등에 관세 부과

1764 통화법—식민지 통화 발행 금지로 식민지 경제 침체

1765 숙박법—영국군에게 숙박을 제공하도록 강요 당함

1765 인지세법—신문, 트럼프 카드, 법률 문서에 세금 부과

1767 톤젠드법—납, 유리, 차, 종이 등에 관세 부과

미국 독립 혁명

무엇에 관한 것이었을까?

미국 독립 혁명은 궁극적으로
독립, 새로운 사고방식의 여명, 멀리 떨어져 있는 왕정의
권위를 거부하려는 식민지인의 열망에 관한 것이었다.

어떻게 이런 일이 일어나게 되었을까?

보스턴 차 사건

자유의 아들들(Sons of Liberty, 영국 과세와
지배에 맞서 싸운 식민지 애국자들의 비밀 결사)은
1773년 차에 부과된 관세에 항의하려고 보스턴
항구에 정박한 영국 상선 세 척에 침입해
차 상자 342개를 바다에 던졌다.

자치권 박탈

영국 국왕 조지 3세는
보스턴 차 사건에 대한 보복으로
보스턴 정부의 자치권을 박탈했다.
영국 군대를 보내고 식민지인이
이들에게 숙박을 제공하도록
만들었다. 그리고 보스턴 항구를
폐쇄했다.

첫 번째 대륙회의

1774년, 식민지 대표들은 펜실베이니아주 필라델피아에서 제1차 대륙회의를 개최하고, 자치권을 되찾기 위해 권리선언을 작성했다. 자치권을 되찾지는 못했다.

열띤 논쟁

식민지 대표들은 올바른 노선을 선택하는 과정에서 격렬하게 갈렸다.

첫 번째 무력 충돌

1775년 봄, 영국군과 식민지군 간 전투가 벌어졌다.

"우리 자신의 헌법을 만들 수 있을 때 냉정하고 신중한 태도로 만들어 두는 것이, 이런 흥미로운 일을 시간이나 우연에 맡기는 것보다 훨씬 더 현명하고 안전하다."

— 토머스 페인, 『상식』

상식

1776년, 토머스 페인은 소책자 『상식』에서 혁명을 해야 하는 이유를 명확히 했다. 『상식』은 발행된 지 몇 개월 만에 12만 부 이상 팔려 나갔다.

펜에 의지를 담다

독립 선언서

영국과 식민지 간
갈등이 고조되고, 이미 영국군과
식민지 민병대 사이에서
무력 충돌이 벌어진 상황에서
아메리카인은 독립선언서로
알려진 문서를 통해
영국으로부터의 **독립**을
공식적으로 선언했다.

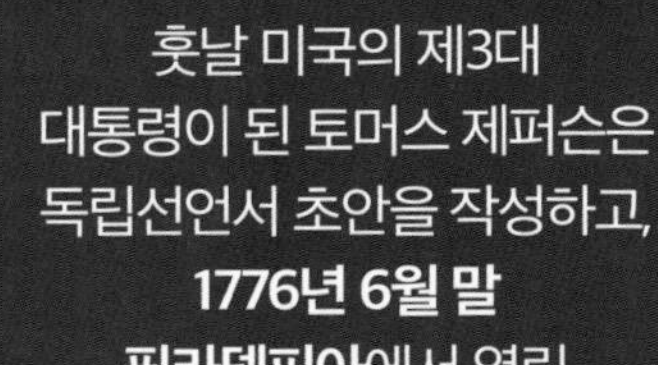

토머스 제퍼슨—
훗날 미국의 제3대
대통령이 된 토머스 제퍼슨은
독립선언서 초안을 작성하고,
1776년 6월 말
필라델피아에서 열린
제2차 대륙회의에서
독립선언서를 제출했다.

미국은 7월 4일을 국가 공휴일인 **독립기념일**로 지정해 기념한다. 이날은 대륙회의가 공식적으로 독립선언서를 채택한 날이다.

독립선언서 200부의 인쇄가 지연되면서 **8월 2일**에야 상징적인 서명을 할 수 있었다.

획기적인 문서

독립선언서는 다음과 같이 발표하며 인류의 행보를 바꿨다.

새로운 통치 원칙

모든 사람은 평등하게 태어났고,
누구도 빼앗을 수 없는 권리를 부여받았다.
정부의 권력은 통치 받는 사람의 동의로부터 나온다.

불만 사항

미국인이 조지 3세에게 품은 불만을
상세하게 열거

선언

식민지의 독립을
공식적으로 성명

독립 전쟁

★ ★ ★ 독립을 위한 싸움 

1775

- 폴 리비어와 윌리엄 도스의 경고 "영국군이 진격한다!"
- 민병대와 식민지 주민, 렉싱턴과 콩코드에서 영국군과 격돌
- 제2차 대륙회의
- 조지 워싱턴을 총사령관으로 임명
- 벙커힐 전투
- 베네딕트 아널드 장군과 리처드 몽고메리 장군, 캐나다 침공했으나 실패

1776

- 토머스 페인, 『상식』 발표
- 영국군, 롱아일랜드 전투에서 대륙군을 격퇴
- 영국군, 뉴욕 점령
- 워싱턴, 델라웨어강을 건너 뉴저지 트렌턴에 주둔하던 영국군을 공격

육군과 해군 모두 세계적으로 강한 전력을 지닌
영국을 이기고 전쟁을 승리로 이끌기는 쉽지 않았다.
기개, 투지, 기후, 적절한 시기에 맺은 동맹이 있었기에
미국인은 1781년 말에 승리할 수 있었다.

1777

- 독립군, 코네티컷과 버몬트에서 승리
- 영국군, 필라델피아 점령 후 펜실베이니아를 자신들 것이라고 주장

1778

- 프랑스와 미국, 동맹 조약 체결
- 영국군 조지아 점령, 필라델피아에서 철수

1779

- 영국군 사우스캐롤라이나, 조지아, 서부 전역(戰域)에서 승리
- 스페인, 영국에 선전 포고
- 영국군, 코네티컷 일대에 방화

1780

- 남부 지역 전투에 노스캐롤라이나와 사우스캐롤라이나가 동요

1781

- 남부 지역 전투 지속
- 프랑스 해군, 체사피크 만에서 영국군을 축출
- 13개 주 연합규약 비준
- 요크타운에 있던 찰스 콘월리스 영국군 장군, 육지와 바다 모두에서 포위당하자 항복

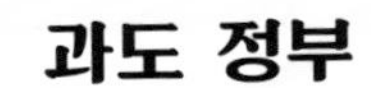

연합규약

독립 혁명 지도자들은
강력한 중앙정부 수립을 경계했다.
연합규약은 지방 자치 권한을 지닌
독립된 주들로 이루어진 느슨한 연합 체제를
확립했다.

언제?

초안 작성 1776
비준 1778-1781

왜?

연합규약은 식민지들이
새로운 정부 형태를 만들려는
첫 번째 시도였다.

연합규약이 확립한 것

» 제한적인 권한을 지닌 단일 의회

» 각 주당 한 표 행사

» 독립된 행정부와 사법부 부재

» 주요 법안 제정과 개정은 만장일치로 해야 했다. 결과적으로 모든 주가 중앙정부에 거부권을 행사할 수 있다.

확립하지 못한 것

» 국가 단일 통화

» 조약 강제권

» 과세권

» 주 간의 평화

의미

» 혁명 시기부터 근대 공화국 탄생까지 과도 정부 역할

» '합의에 의한 통치'가 가능하다는 것을 증명

» 미합중국이라는 이름을 선사

연방주의자 VS.

각 주의 권한을 두고

어떤 차이점이 있을까?

연방주의자

연방주의자는 각 주와 권력을 공유하는 강력한 중앙정부가 중요하다고 생각했다.

대표적인 연방주의자:

제임스 매디슨
알렉산더 해밀턴
존 제이

반연방주의자

중앙정부에 의구심을 품은 반연방주의자는 직접 민주주의와 각 주의 자치를 선호했다.

대표적인 반연방주의자:

패트릭 헨리
존 행콕
새뮤얼 애덤스
제임스 먼로

반연방주의자

벌어진 논쟁

연합규약이 실패로 돌아간 후,
새로운 정부는 주와 중앙정부 간 권력의 균형을 세심하게
맞춰야 한다는 것이 분명해졌다.
1787년 제헌회의에서 새 헌법의 초안이 작성되기 시작했는데
'권력을 어디에 두느냐'의 문제에 의견이
극명하게 엇갈렸다.

연방주의자 논집

1787년, 양 측은 자신들의
입장을 뒷받침하는 논문을
출간하기 시작했다.
매디슨, 해밀턴, 제이가 쓴 논문을 모은
『연방주의자 논집』은 새로운 미국
헌법을 지지하는 최고의
논거가 되었다.

*"연방 정부는 전쟁과 위급한
시기에 가장 광범위하고
중요한 역할을 할 것이다.
평화롭고 안정적인 시기에는
주 정부가 그 역할을
할 것이다."*

—제임스 매디슨, 『연방주의자 논집』

우리 국민은

WE THE PEOPLE

헌법의 첫 6개 조항

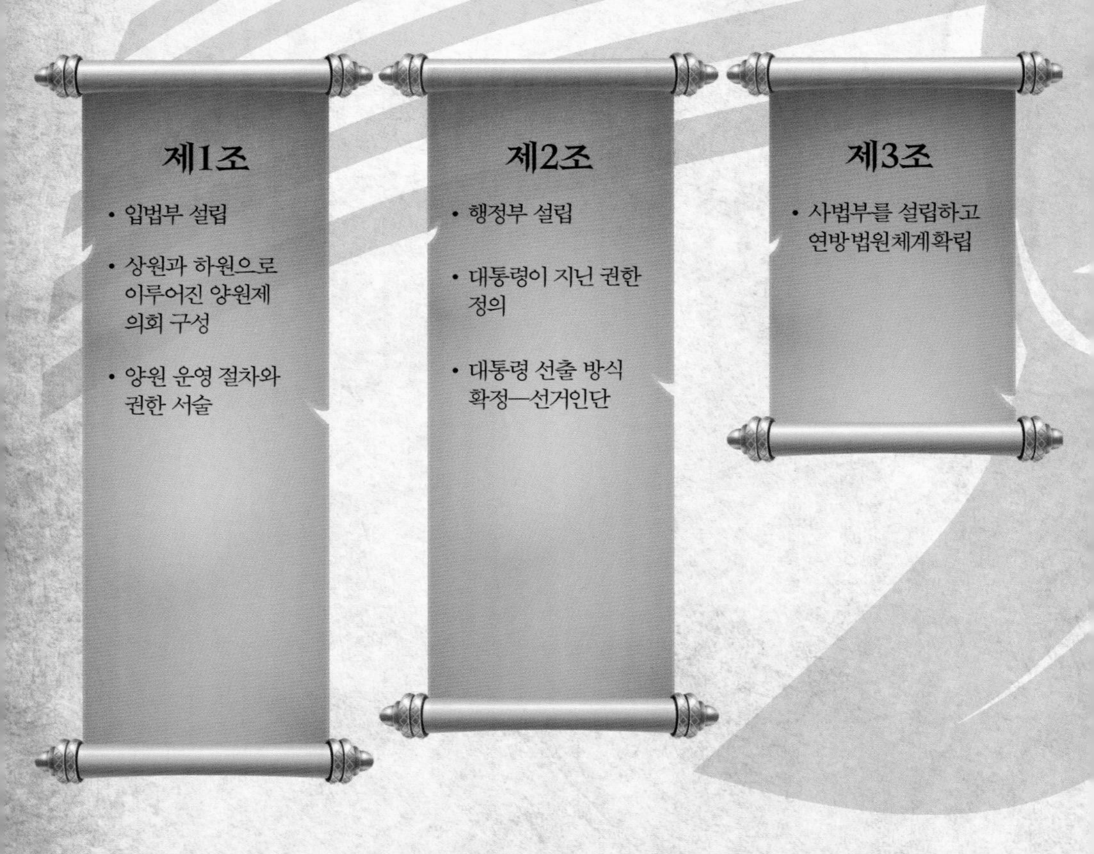

1787년 여름,
로드아일랜드*를 제외한 각 주 대표단은
새로운 통치 원칙을 정하기 위해 펜실베이니아주
필라델피아에서 열린 제헌회의에 참석했다.
이곳에서 미국 헌법이 만들어졌다.

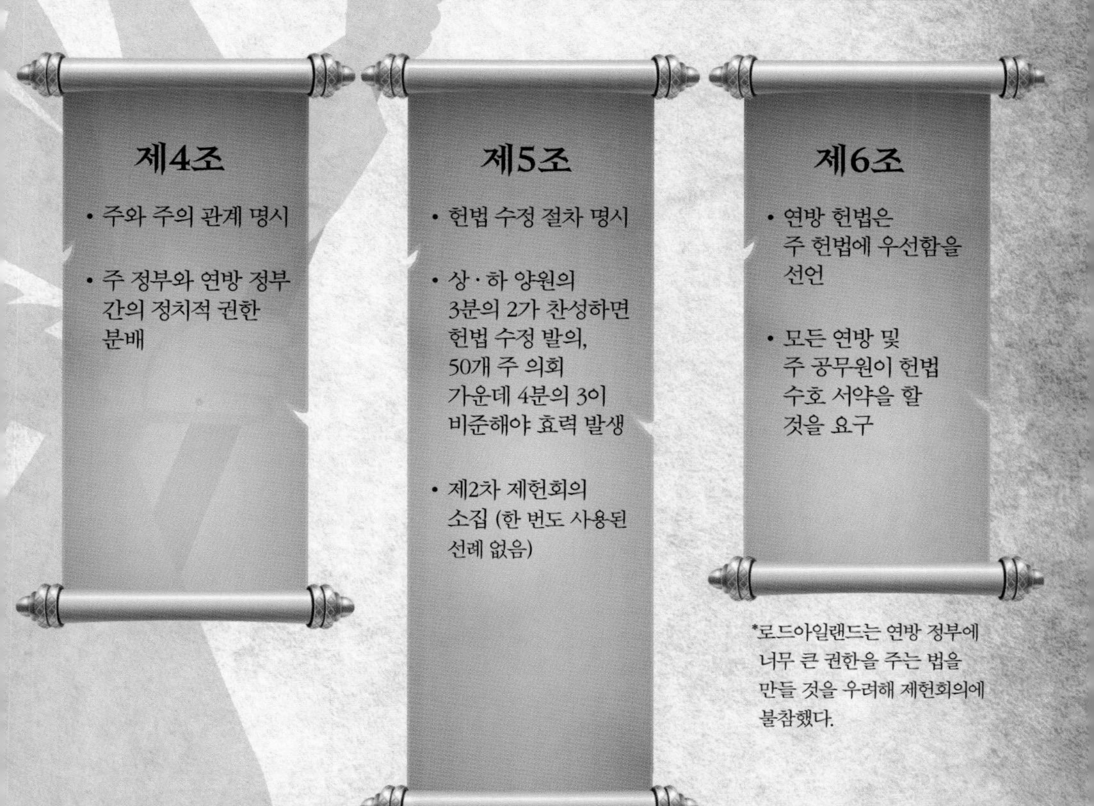

제4조

- 주와 주의 관계 명시
- 주 정부와 연방 정부 간의 정치적 권한 분배

제5조

- 헌법 수정 절차 명시
- 상·하 양원의 3분의 2가 찬성하면 헌법 수정 발의, 50개 주 의회 가운데 4분의 3이 비준해야 효력 발생
- 제2차 제헌회의 소집 (한 번도 사용된 선례 없음)

제6조

- 연방 헌법은 주 헌법에 우선함을 선언
- 모든 연방 및 주 공무원이 헌법 수호 서약을 할 것을 요구

*로드아일랜드는 연방 정부에 너무 큰 권한을 주는 법을 만들 것을 우려해 제헌회의에 불참했다.

1790년 5월
로드아일랜드

1789년 11월
노스캐롤라이나

1788년 7월
뉴욕

1788년 6월
뉴햄프셔 | 버지니아

헌법 비준을 향한 경주

1787년 겨울, 주 회의를 소집해 헌법을 비준하기 시작했다.

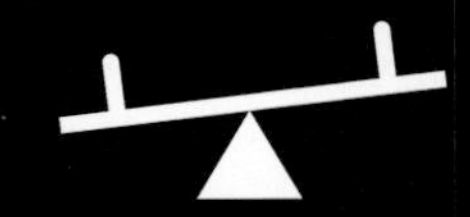

균형이 무너진 순간

당시 기준으로 가장 큰 두 개의 주
- 버지니아와 뉴욕- 는
1788년 6월과 7월에 각각
헌법을 비준했다.
두 주가 헌법을 비준하면서
새로운 연합이 살아남을 수 있다는
것이 분명해졌다.

1788년 5월
사우스캐롤라이나

1788년 4월
메릴랜드

1788년 2월
매사추세츠

1788년 1월
조지아 I 코네티컷

1787년 12월
델라웨어 I 펜실베이니아
뉴저지

헌법 개정

헌법 제정자들은 헌법을 어렵게 만들었다. 헌법의 핵심을 유지하기를 바랐기 때문이다. 그들은 시간의 흐름을 견딜 수 있는 정부를 수립했다고 자신했다. 하지만, 수정이 필요하다는 사실도 인정했다.

헌법 개정이란?

헌법 개정은 헌법을 수정하는 일이다.
헌법 개정안은 상·하 양원의 3분의 2 이상이 찬성할 때 발의하거나 전체 주 가운데 3분의 2 이상의 주 의회 요청으로 헌법 회의를 소집해 제안할 수 있다.
수정헌법이 비준(승인/발효)되려면, 전체 주 가운데 4분의 3(50개 주 가운데 38개 주) 이상의 주 의회 또는 4분의 3 이상의 주 헌법 회의의 동의를 얻어야 한다.

권리장전

- 기존 헌법에 첨가된 첫 10개의 수정 조항
- 1789년 발의, 1791년 비준
- 언론과 종교의 자유를 포함한 개인의 자유와 권리 보장
- 연방 정부 권한의 한계를 규정
- 미국 연방에 위임되지 않은 권한은 각 주나 국민이 보유한다.

숫자로 보는 수정헌법

11,699

지금까지 발의된 개정안

200

각 의회 임기 2년 동안 제출되는 개정안

27

권리장전을 포함해 채택된 수정 조항

1992

수정헌법 제27조는 가장 최근 수정 사례다(1992년 비준). 의원 월급을 스스로 올리기 위해서는 의회 3분의 2 이상의 동의가 필요하다.

1

수정된 헌법이 철폐된 사례는 유일하다. 1933년, 수정헌법 제21조는 수정헌법 제18조(금주법)를 폐지했다.

그 외 수정헌법 조항

- 노예제 폐지
- 시민권 규정
- 대통령 임기 규정
- 투표 연령 하향
- 여성의 참정권 보장

종교의 자유

종교적 신념과
의견을 침해하는 법
제정 금지

특정 종교적 관행
(예: 인신 공양)을 규제하거나
금지하는 법 허용

4

집회와 청원의 권리

고충을 정부에 청원할
수 있는 권리 보호

평화적 집회를
통해 반대 의견을
표현할 수 있는
권리 허용

언론과 출판의 자유

개인이 표현할 수 있는 자유 보장

언론의 자유 보호—오늘날에는 광의로 해석해 미디어도 포함

자유의 주춧돌

권리장전, 그중에서도 수정헌법 제1조는 미국인이 가장 소중하게 생각하는 몇 가지 자유를 수호한다. 헌법 제정자들은 이러한 자유가 민주주의의 주춧돌이라고 믿었다.

무기를 휴대할 권리

개인 방어를 위한 무기를 소유하고 휴대할 권리 보호

간략한 역사

정교분리

정교분리 개념은 조직화된 종교와
정부 사이의 거리를 정의한다.

초기 사상가: 존 로크 (1632-1704)

계몽 철학자 존 로크는 정부가 개인의 양심을 지배할 수 없다고 주장했다. 또한, 종교적 관용을 장려했다. 그의 견해는 헌법 초안에 영향을 주었다.

수정헌법 제1조

수정헌법 제1조는 정부가 이러한 행위를 하지 못하도록 했다.

- 국교 수립
- 종교 활동 금지

침례교

1790년대 말, 성공회가 주류인 버지니아주에 사는 침례교도는 종교적 관용을 추구했다. 그들은 정부가 종교를 제한하는 것은 옳지 않다고 생각했다.

토머스 제퍼슨

1802년, 토머스 제퍼슨 대통령은 침례교도에게 쓴 편지에서 권리장전이 국교 설립을 금지하며, 시민은 정부가 종교 활동을 제한할 것이라는 두려움을 가질 필요가 없다고 밝혔다.

2장

미국 정부 구조

삼부

미국 주 정부와 연방 정부는
입법부, 행정부, 사법부의 삼부로
구성되어 있으며 제각기 고유의
기능을 수행한다.

입법부
의회

입법부는 상원과 하원으로 구성되어 있으며
총칭하여 의회라 부른다.

- 법안 제정 및 처리
- 연방 정부의 예산 편성 및 관리
- 의원은 국민이 투표로 선출

알고 있었나요?

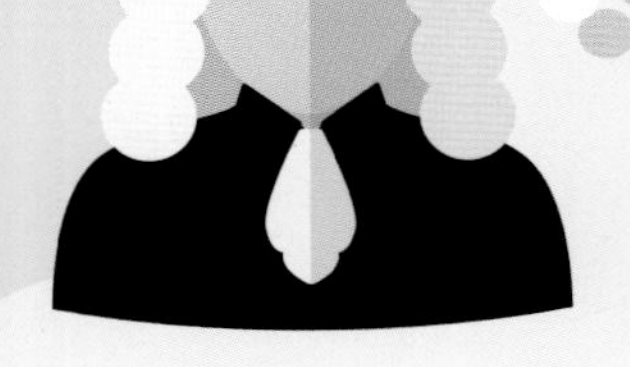

상원의원 출신 대통령은 **16명**이지만,
상원의원에 재직하다 대통령에 당선된 이는
단 3명이다. 가장 최근 사례는 2008년 당선된
버락 오바마다.

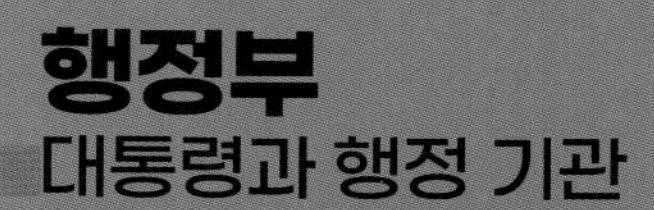

행정부

대통령과 행정 기관

행정부는 대통령과 부통령 그리고 15개 행정 부처로 이루어져 있으며 미국항공우주국(NASA)과 같은 기관도 포함되어 있다. 대통령은 부통령을 지명하고 내각 구성원을 임명한다.

- 일상적인 연방 정부 책무 수행
- 군 통솔
- 국내외에서 미국을 대표하고, 경제 이익을 대변
- 군인을 제외하고 백만 명 이상이 연방 정부에서 근무

사법부

법원

사법부는 연방 대법원과 하급 연방 법원으로 구성되어 있으며, 재판에서 판결을 내리고 법률의 합헌 여부를 가린다.

- 합헌성 판정이나 법률 해석이 필요한 사건 심리
- 법률과 조약 관련 소송 판결
- 주 사이에서 일어난 분쟁 해결

견제와 균형

새 나라를 위한 새로운 시스템

3

3부의 고유 활동

행정부
대통령

- 대통령은 의회에서 통과된 법률안에 거부권을 행사할 수 있다.

입법부
의회

- 의회는 양원에서 3분의 2 이상의 동의를 얻으면 대통령의 거부권을 무효화할 수 있다.
- 의회는 양원에서 3분의 2 이상 득표하면 헌법 개정을 발의할 수 있다. 이는 모든 주의 4분의 3 이상의 비준을 받아야 한다.

사법부
연방 대법원

- 연방 대법원은 법률의 합헌성 여부를 가릴 수 있다.

헌법 제정자들은 식민지 시대에 겪었던 전제 정치 체제로 회귀하지 않기를 바랐다. 그들은 삼권 분립을 바탕으로 치밀하게 정부를 수립했다.

왜?

- 세 기관에 권한을 나누며 **권력 집중 방지**
- 한 기관이 **최고가 되지 않도록 제한**
- 각 기관의 **역할 정의**
- 독재 정권에 대항할 수 있는 **견제와 균형** 고안

어떻게?

연방 정부와 주 정부를 나누고,
이들을 다시 세 기관으로 나눴다.
각 기관은 분리되어 독립적인 권한과
고유한 책임 영역을 지닌다.

오래된 이상

삼권 분립은 새로운 개념이 아니었다.
고대 그리스 시대에 아리스토텔레스는
혼합정체에 관한 글을 썼다.
계몽주의 시대에는 프랑스 사상가
몽테스키외가 1748년 출간한
『법의 정신』에서 '권력의 배분'을 논했다.

알고 있었나요?

1789년 이후 헌법 개정이 27차례 있었다.
그렇게 수정된 헌법 조항 가운데 7개는
대법원 판결을 대체하는 것으로 볼 수 있다.
예를 들어 수정헌법 제13조, 제14조는
노예와 그 후손은 결코 미국 시민이 될 수
없다고 명시한 '드레드 스콧 대 샌드퍼드
사건(1857년)' 판결을 뒤집었다.

상원의 모든 것

상원

상원의원은 '상위' 혹은 '엘리트' 의원이라고 간주한다.
각 주는 인구수와 관계없이 상원의원 두 명을 선출한다.

상원의원 수

100 각 주당 2명

임기

6년

1913

이때부터 시민이 직접 상원의원을 선출했다.
그전까지는 주 의회가 상원의원을 뽑았다.

타이브레이커(tiebreaker):

상원 표결 결과가 50 대 50일 경우 부통령이 결정투표권을 행사할 수 있다.

피선거권 획득 자격:

나이: 만 30세 이상

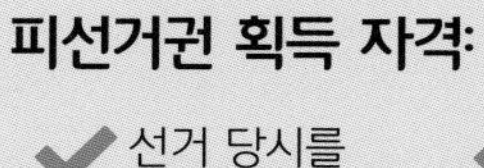

선거 당시를 기준으로 해당 주에 **거주**

시민권 취득 이후 9년 이상 경과

고유 권한:

- 대통령이 임명하는 사법부 및 각료급 인사는 먼저 상원의 승인을 받아야 한다.
- 상원은 조약 승인권을 행사한다.
- 대통령이 하원에서 탄핵 소추될 경우, 상원에서 탄핵 심판을 진행한다. 대통령을 파면하려면 상원의원 3분의 2가 찬성해야 하나 아직 탄핵을 당한 대통령은 없다.

하원의 모든 것

하원

의회의 또 다른 구성원은 하원이라고 부른다.
하원의원은 국민 한 명 한 명을 대표하기 때문에
'인민의 의원'이라고 불리기도 한다.

하원은 엄격한 체계로 운영되며,
하원의 실제 업무 중 상당 부분은 위원회가
처리한다. 위원회에는 농업위원회,
예산위원회, 에너지통상위원회와 같은
상임위원회와 조사를 위한 특별위원회,
상하원 합동위원회 등이 있다.

고유 권한:

- 세입과 관련된 모든 법안은 하원에서 발의되어야 한다.
- 대통령이 '중대 범죄와 경범죄'를 저질렀을 경우 탄핵 소추권을 갖는다.
- 대통령 선거 결과 선거인단이 동수일 경우 하원이 대통령을 선출한다.

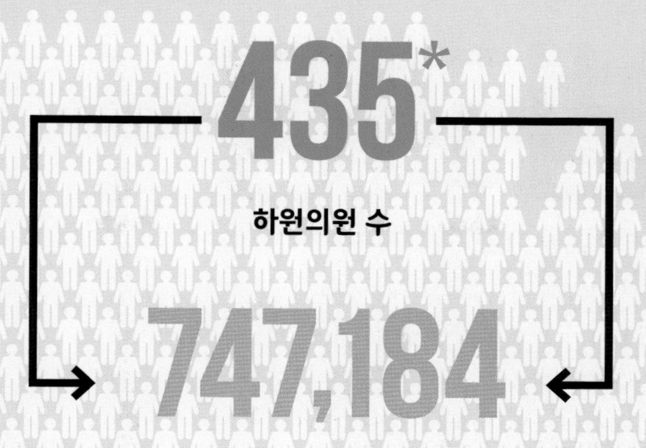

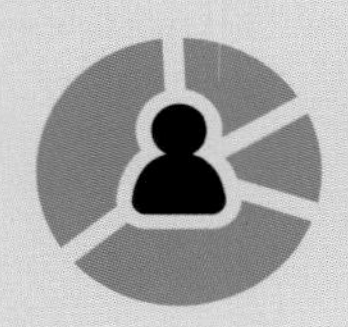

*2018년, 10년마다 실시하는 인구 조사에 기초해 각 주에 할당하는 하원 의석을 조정했다. 각 주는 최소 하원의원 한 명을 갖는다. 현재 캘리포니아주가 가장 많은 하원의원(53명)을 보유하고 있다.

피선거권 획득 자격:

- **나이:** 만 25세 이상
- 선거 당시를 기준으로 해당 주에 **거주**
- **시민권 취득** 이후 7년 이상 경과

입법 과정 10단계

매년 수백 건의 법안이 의회를 통과한다.
헌법 제정자들은 법이 과도하게 제정되는 것을 막으려고 법 제정 과정을 굉장히 까다롭게 만들었다. 그 과정을 소개한다.

1단계

법률안 제출
누구든 어떤 일이든 법률안에 영향을 줄 수 있지만, 오직 의원만 법률안을 발의할 수 있다.

2단계

법률안 기안
법률안을 작성하고, 발의자는 다른 의원들의 지지를 모은다.

3단계

위원회 심의
적어도 하나의 하원 위원회가 법률안을 심사한다.

4단계

청문회 개최
의견을 개진하고 지지를 결집하며 언론의 관심을 끈다.

5단계

심의 및 본회의에 회부
이 단계는 법률안 표현 검토, 수정, 표결을 포함한다.

7단계

본회의

법률안이 본회의로 가려면 하원의원 218명 이상의 서명을 받아야 한다.

8단계

표결

의원은 세 가지 즉, 찬 • 반 • 재석(present)으로 투표할 수 있다. 재석은 기권을 의미한다.

9단계

동의

상 • 하원이 모두 승인해야만 법률안을 대통령에게 이송할 수 있다.

6단계

의사일정

본회의에 회부하기 전, 법률안을 상 • 하원 의사일정에 올려야 하는데 이는 말처럼 쉬운 일이 아니다. 양원 모두 접수된 법안의 처리 순서를 결정하는 구체적인 의사일정이 있다. 하원과 상원에는 모두 6개의 의사일정이 있다.

10단계

서명 혹은 거부권 행사

대통령은 법률안에 서명하거나 거부권을 행사한다. 대통령이 거부권을 행사하더라도 양원 전체 의원 3분의 2 이상의 찬성을 얻으면 이를 무효화할 수 있다.

연방 대법원

목적

연방 대법원은 헌법을 해석하고
법의 합헌성을 판단한다.

개정기

10월 첫째 월요일부터
6월 말 혹은 7월 초까지

80-100

1년 동안
심리하는
사건 수

종신 재직권

대법관은 대통령이 지명한다. 대법관은 사망, 탄핵 전까지 자리를 유지한다. 대통령은 이념, 중립성, 나이, 인종, 성별을 고려하여 대법관을 지명한다. 대법관 후보자는 상원 표결에서 3분의 2 이상의 표를 얻어야 임명될 수 있다.

자격 요건

나이나 시민권 여부의 요건은 없지만, 전통적으로 대법관은 법조계 경력이 있는 30세 이상 미국 시민권자였다.

역사와 권한

확장 해석 VS 축소 해석

지난 2세기 동안, 연방 대법원은 때로는 헌법을 폭넓게 해석했고 때로는 제한적으로 해석했다. 연방 대법원은 연방 정부에 상업과 경제를 규제할 수 있는 자격을 부여했고, 시민의 시민권을 확대했으며, 시민의 사생활 권리를 축소했다.

1심 법원과 항소심 법원 관할권

연방 대법원이 다루는 사건:

- 주 사이에서 발생한 소송이나 조약에 관련된 사건 등을 재판
- 하급 연방 법원이나 주 법원에서 이미 판결한 사건

알고 있었나요?

대법원은 기존 판결을 뒤집는 경우도 있다. 플레시 대 퍼거슨 사건(1896) 판결은 백인과 흑인 시설이 '분리하되 평등하다'라는 개념을 확립했으나, 브라운 대 교육위원회(1954) 사건 판결로 플레시 대 퍼거슨 사건 판결이 뒤집힌 바 있다.

알고 있었나요?

연방 법원과 주 법원에 대한 사실

연방 법원 체계를 피라미드 모양이라고
생각해 보자. 대법원이 위, 항소 법원이 가운데,
지방 법원이 제일 아래에 있다.
주 법원은 연방 법원과 분리되어 있고
독립적이지만 체계는 같다.

1789

법원조직법에 따라
3심급 제도를 확립한 해

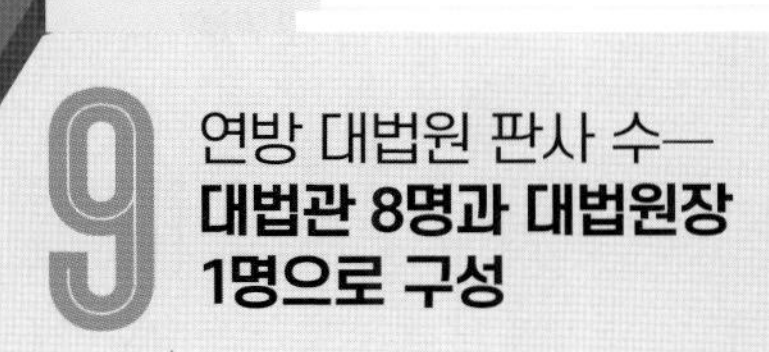

9 연방 대법원 판사 수—
대법관 8명과 대법원장 1명으로 구성

13 **항소 법원**은 지방 법원의 판결을 심의

[13개 연방 항소 법원은 특정 관할 구역 혹은
순회 지구 안에 있는 지방 법원이나 연방 행정 기관에서 온
사건을 심의하기에 **순회 법원**이라고 부르기도 한다.]

94 연방 지방 법원 개수

600+ 지방 법원 판사 인원수

연방 법원 판결
주와 정부, 주와 주 사이에서 일어난 사건, 파산 관련 사건 혹은 상고된 사건을 다룬다.

주 법원 판결
경범죄와 중범죄 사건, 기업과 부동산 관련 분쟁, 이혼 및 양육권 소송, 상해 소송, 기타 개인 간의 문제를 다룬다.

사법 심사
법원에 의해 법률이 합헌 또는 위헌으로 선언되는 과정이다.

최종 법원
각 주는 주법의 최종 심판자 역할을 하는 최종 법원이 있다.
대부분 주에서는 최종 법원이 주 대법원이지만 뉴욕은 '상고 법원(court of appeal)'이라고 부른다.

대통령직

헌법 제정자들은
정부 구성 요소 중 의회를
첫 번째 구성 요소로 간주했지만,
대통령직은
200년 넘게 미국 정부 조직에서
중심 역할을 해 왔다.

전국 선거

대통령과 부통령 후보는
함께 출마하며 이들은
유일하게 전국 선거를 거쳐
선출된다.
선거에서 당선되는 후보는
국민 모두의 대통령이 된다.

"미스터 프레지던트 (Mr. President)"

조지 워싱턴이 선택한
공식 호칭은 그가 취임한
이후로 계속 쓰인다.

여러 역할. 직위는 하나.

대통령은 국내외에서 미국의 이상과 염원을 대표한다.

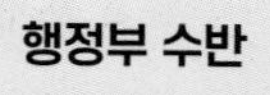

자격 요건

헌법 제2조는 대통령의 자격 요건을 명시한다.

- 미국 태생 시민권자
- 취임일 기준으로 만 35세 이상
- 14년 이상 미국에서 거주

임기

- 4년 중임제
- 삼부 요인 가운데 유일한 임기 제한직

조지 워싱턴

조지 워싱턴 미국 초대 대통령은
차기 대통령을 위해 세심하게 선례를 만들었다.
그는 두 번의 임기를 마치고 자진해서 대통령직에서
물러나며 권력을 다른 이에게 넘겼다.

3장

민주주의 실현: 선거와 투표

투표권은
미국 민주주의의 주춧돌이며,
가장 근본적인 시민권이다.

투표에 관한
10가지 사실

1

참정권/선거권:
투표권.

2

세습이 아닌 투표권으로
권력을 부여하는 정부?
**1776년 당시 이 개념은 매우
획기적이었다.** 그러나 투표는
재산을 소유한 백인 남성 개신교도만
할 수 있었다.

3 **첫 번째 대통령 선거**에
참여할 자격이 있는 사람은
전체 인구 가운데 6%에 불과했다.

7 **미국 시민**만 투표권을
행사할 수 있다.

4 1920년,
수정헌법 제19조가
통과되며 여성도
투표권을 얻었다.

8 **수정헌법 제24조**와
1965년 제정된
투표권법으로 아프리카계
미국인(흑인)이 투표권을
얻었다.

9 1960년대 60% 이상이던
투표율은 지난 50년 동안
하락하며 오늘날에는 50%대
혹은 그 이하이다.

5 1971년, **수정헌법 제26조**를
채택하면서 선거 연령을
만 18세로 정했다.

6 유권자는 주소지를 근거로
직접 투표나 우편 투표 혹은
부재자 투표를 할 수 있다.

10 1993년 제정된 '자동차 유권자 법'이라 알려진
전국 유권자 등록법은 운전면허를 발급할 때
유권자 등록을 할 수 있도록 했다.

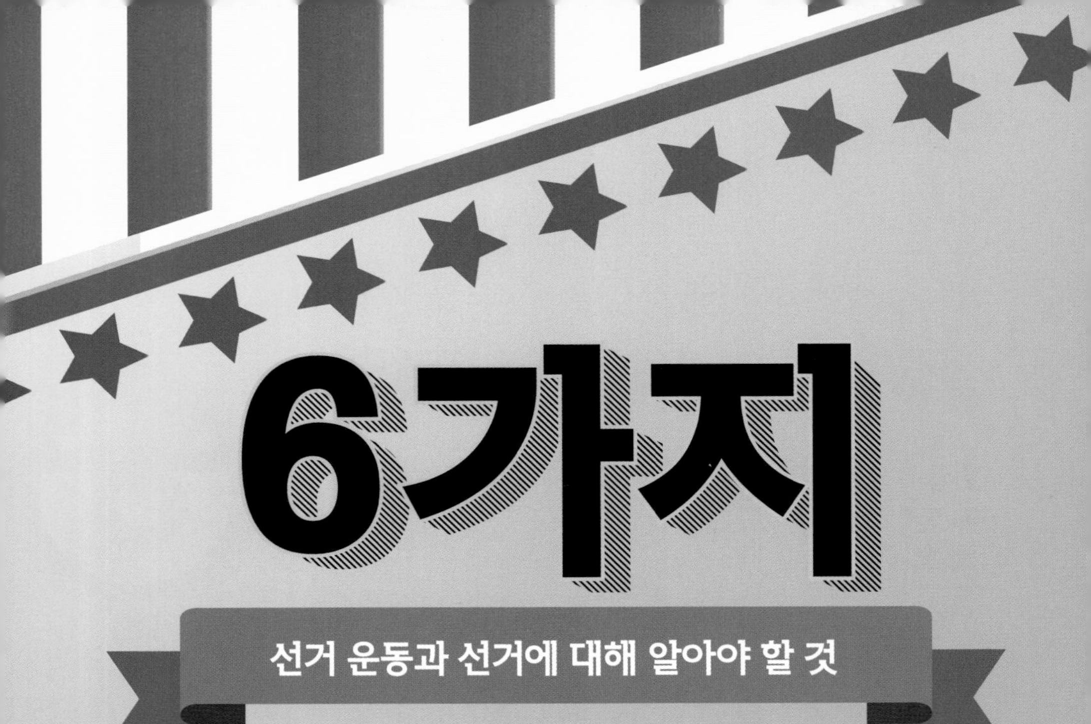

선출직에 출마하려면 어지러울 정도로 많은 행정 업무와 선거 운동이 필요하다.

1 대통령 선거일

대통령 선거는 11월 첫 번째 월요일이 있는 주의 화요일 혹은 11월 1일 이후 첫 번째 화요일에 실시한다. 선거는 빠르면 11월 2일, 늦어도 11월 8일에 치러졌다.

Sun	Mon	Tue	Wed	Thu	Fri	Sat
	1	2	3	4	5	6
7	8	9	10	11	12	13
14	15	16	17	18	19	20
21	22	23	24	25	26	27
28	29	30				

2 대통령 선거

주기

3 중간 선거

의회 선거는 대통령 임기 중반에 실시된다.

4 밸럿 액세스(ballot access)

밸럿 액세스란 유권자가 투표를 하는 투표용지에 어떤 후보가 이름을 올릴 수 있는지에 관한 규정이다. 밸럿 액세스 조항은 주마다 다르며 자격(시민권자 여부, 나이, 거주지 등)도 상이하다.

5 후보 지명

예비선거와 전당대회에서 승리한 후보가 각 정당을 대표하는 후보가 된다. 대통령 선거에서는 각 주요 정당이 여름 전당대회에서 공식적으로 후보자를 선출한다.

6 선거 비용은 얼마나 들까?

공직 선거에 출마하려면 막대한 비용이 든다.

- 대통령 선거: 10억 달러(약 1조 1천억 원)
- 상원 선거: 1천 40만 달러(약 116억 원)
- 하원 선거: 130만 달러(약 14억 5천만 원)

알고 있었나요?

게리맨더링(gerrymandering)이란?

특정 정당에 유리하도록 선거구를 조정하기도 하는데 이러한 관행을 게리맨더링이라고 한다. 이 용어는 미국의 제5대 부통령을 역임한 엘브리지 게리의 이름에서 따왔다. 1812년, 당시 매사추세츠주 주지사였던 엘브리지 게리는 처음으로 자당에 유리하게 선거구를 확정하는 법안에 서명했다.

간략한 역사

민주당

★ 19 ★

1800년부터
2016년까지
민주당 소속
대통령 수

첫 번째 민주당
(당시엔 민주공화당)

대통령 토머스 제퍼슨,
1800년에 당선

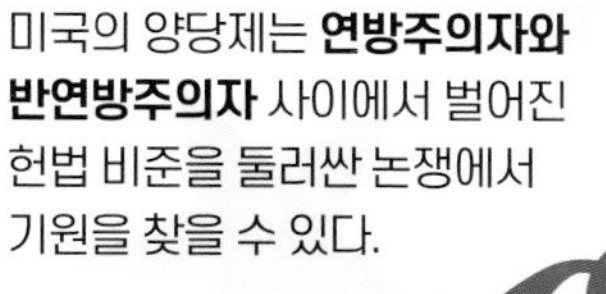

미국의 양당제는 **연방주의자와 반연방주의자** 사이에서 벌어진 헌법 비준을 둘러싼 논쟁에서 기원을 찾을 수 있다.

민주공화당원은 누구였을까?

연방주의자는 중앙정부의 우월성을 믿었다.
이에 반대해 각 주의 권리를 지지하는 이들이
민주공화당을 창당했다.

초기 정강과 패권

민주공화당은 농민과 상인에게 호의적인 **농업 기반 경제**를 지지했고, 지역과 주 단위에서 성공적으로 조직을 만들어 일찍부터 패권을 잡은 정당이 되었다.

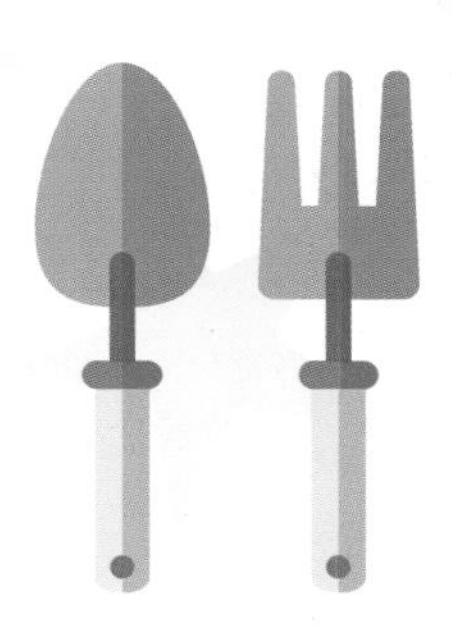

분파

1824년 논란이 된 선거인단 투표 이후,
민주공화당은 민주당과 국민공화당(후에 휘그당)으로 분리됐다.

현대의 민주당

오늘날의 민주당은 좀 더 좌익 성향을 띠며,
주요 정당 두 개 가운데 좀 더 진보적인 성향을 지녔다고 알려져 있다.
또한 큰 연방 정부와 사회 정책 확대를 지지한다.

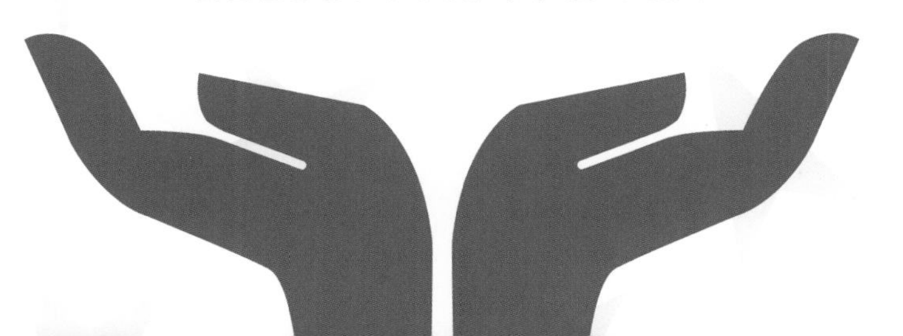

간략한 역사

공화당

첫 번째
공화당 대통령

에이브러햄
링컨,
1860년에
당선.

★ 19 ★

1800년부터
2016년까지
공화당 소속
대통령 수

공화당은 남북 전쟁 직전에 창당됐고, 전쟁에서 승리하며 패권 정당이 됐다.

초기 정강

공화당이 노예제 반대 입장을 내세우자 남부에 있는 주들은 격분했고, 결국 남과 북으로 분열돼 전쟁까지 벌어졌다.

GOP

'장중하고 전통 있는 정당 (Grand Old Party)' 공화당의 별칭으로 1875년 처음 등장했다.

1860-1932 공화당의 패권

공화당은 대통령직과 의회를 장악했고 20세기 초에는 '대기업'의 정당으로 알려지기 시작했다.

현대의 공화당

오늘날의 공화당은 좀 더 우익 성향을 띠며, 정부의 크기와 영향력 그리고 사회 문제 접근 방식에 있어 민주당보다 보수적이다.

10가지

사실

제3정당

무소속 후보

미국 정부는
양당제라는 점에서
다당제로 선거를 치러
입법부를 구성하는 다른 대부분의
민주주의 국가들과 다르다.

1 양당제의 역사

미국은 정부 설립 이후로 양당제가 유지되고 있다.

2 비례 대표제

다른 민주주의 국가는 각 정당의 득표율에 따라 비례 의석을 배분하는 제도를 실시한다.

3 승자 독식제

과반을 획득한 후보가 그 주의 선거인단 전체를 확보한다.

4 난관

전통적으로 제3정당이 유권자에게 지지를 얻기는 어려웠다.

6 제3정당 출신 대통령은 없다

이제까지 미국 대통령은 모두 민주당과 공화당 출신이다.

5 극소수의 당선자

제3정당 후보가 주 정부 혹은 연방 정부 선출직에 당선되는 경우는 극히 드물다. 가장 유명한 제3의 후보는 버니 샌더스 버몬트주 상원의원이며, 그는 미국 역사상 무소속으로 가장 오랜 기간 의정 활동을 이어 왔다.

7 녹색당

녹색당은 기업이 이윤을 위해 미국의 이익을 착취한다고 믿으며, 근본적인 사회, 경제 개혁을 지지한다.

8 쟁점 이원화

후보와 유권자는 모두 주요 쟁점의 양면만 보는 경향이 있다.

9 자유당

자유당은 극도로 작은 정부를 지지하고 국가 권력이 국경을 지키고 사회 질서를 유지하는 데 사용되어야 한다고 생각한다.

10 개혁당

1995년, 헨리 로스 페로가 대통령 선거에 출마하려고 창당했다. 중도 성향인 개혁당은 2015년에는 거의 유명무실해졌다.

레드 스테이트, 블루 스테이트, & 스윙 스테이트

'레드 스테이트(red states)'와
'블루 스테이트(blue states)'는 각각
공화당과 민주당 대통령 후보가
우세한 지역을 뜻하는 용어다.
'스윙 스테이트(swing states, 경합 주)'란
결과를 예측하기 어려운 지역을 가리키며
종종 선거인단 투표 결과를 결정하기도 한다.

알고 있었나요?

많은 사람이 미국 건국 이후부터 민주당과 공화당을
파란색과 빨간색으로 구분해서 표기했다고 생각하지만,
이러한 구분법은 최근에 생겼다.
2000년 대선을 몇 주 앞두고, 주요 언론사는
민주당이 우세한 주는 파란색으로
공화당이 우세한 주는 빨간색으로 표기했다.

레드 스테이트

- **공화당** 후보가 ‘우세한’ 주
- **보수적**이라고 알려져 있다.
- **최남부 지역**과 **내륙 지방**이 텃밭이다.

- **민주당** 후보가 ‘우세한’ 주
- **진보적**이라고 알려져 있다.
- **서부와 북동부 연안** 그리고 **대도시**가 포함된다.

- **양당** 후보 모두 높은 지지를 받는 주
- 통상적으로 **대선 결과**를 결정한다.
- **‘퍼플 스테이트(purple states)’** 혹은 **‘격전지’**라고 부르기도 한다.
- **중서부, 서부 산맥 지역, 중부 대서양 연안, 남서부 지역**이 속한다.

경합 주에서 경합이 일어나지 않을 때

몇 번의 선거를 치르는 동안 **인구 구성이 꾸준하게 변하며 ‘스윙 스테이트’가 ‘레드 스테이트’ 혹은 ‘블루 스테이트’**로 바뀔 수 있게 됐다. 예를 들어, 오하이오주는 확실히 레드 스테이트 쪽에, 콜로라도는 블루 스테이트 쪽에 훨씬 가까워진 모습을 보인다.

예비선거(프라이머리)와
당원대회(코커스)는
주마다 열리는 일정이 다르지만,
대통령 선거일은 11월
첫째 월요일이 있는 주의
화요일로 정해져 있다.
선거 준비 과정과
선거 당일 업무를
소개한다.

11월
3일
선거일에는 어떤 일이 벌어질까

알고 있었나요?

1948년 11월,
현직 대통령이던 해리 트루먼은 토머스
듀이의 도전장을 받았지만, 역전승을
거뒀다. 선거 결과를 제일 처음 보도하길
바랐던 시카고 지역 일간지
『시카고 트리뷴』은 이제는 유명해진
'듀이, 트루먼에 승리하다'라는
헤드라인을 뽑았다.
너무 앞서갔다!

투표율

각 정당은 우세한 지역의 사전 투표율과 선거일 투표율을 높이는 데 힘을 쏟는다.

유권자 여론 조사

전문 여론 조사 기관은 선거일 전부터 선거일까지 후보 간의 격차가 얼마나 나는지 알아보기 위해 지역 단위에서 전국 단위까지 데일리 트래킹 폴(매일 표본의 일부만 바꿔 가면서 실시하는 조사)을 실시한다.

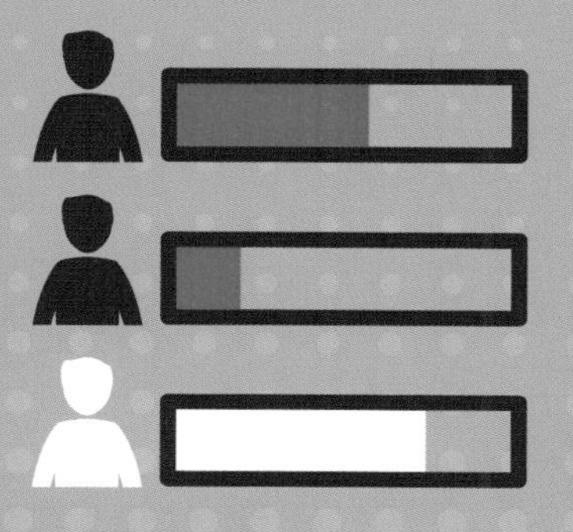

결과 공개

투표 마감 시간은 각 주와 표준 시간대에 따라 다르다. 일단 투표가 마감되면 선거 관리 요원은 결과를 집계하고, 한 후보자의 당선이 확실시되면 결과를 알린다. 결과는 인터넷, TV, 신문, 후보자의 홈페이지와 소셜 미디어를 통해 발표된다. **대선에서 한 후보가 선거인단 270명을 확보한 것으로 드러나면 'AP통신'을 비롯한 언론사들은 당선자를 보도한다.**

임기 제한에 관한 사실

선출직 공무원의 재임 기간은 법적으로 제한된다. 임기 제한은 주와 연방 정부 공직자 모두에게 적용된다.

역사

임기 제한의 역사는 오래전으로 거슬러 올라간다. 미국에서는 1781년 대표단의 재임 기간을 제한하는 규정을 연합규약을 통해 처음 도입했다.

임기 제한에 대한 열띤 논쟁은 1787년 제헌회의에서도 이어졌지만, 최초 헌법에는 그 내용이 담기지 않았다.

대통령 임기 제한

1951년까지 대통령 임기 제한 규정은 없었다. 프랭클린 D. 루스벨트 대통령은 1945년 4선 재임 중 사망했는데, 이 규정은 그가 사망한 지 한참 지난 뒤에야 생겼다. 수정헌법 제22조는 대통령 **임기를 2회로 제한**했으며 부통령이 대통령직을 승계해서 대통령이 된 경우에도 **최대 10년을 넘지 않아야 한다**고 명시했다.

주지사 임기 제한

36개 주에서 주지사의 임기를 제한한다. 연임 혹은 중임으로 **최대 2선**까지 할 수 있으며 임기는 최장 8년으로 제한한다.

의원 임기 제한

연방 상·하원 임기(상원 6년, 하원 2년) 횟수에는 어떤 제약도 없지만, 15개 주는 주 의회 의원의 임기를 **8년에서 16년**까지로 제한하는 규정을 두고 있다.

지방 자치 단체장 임기 제한

지방 자치 단체 선출직의 임기를 제한하는 곳도 있다. 필라델피아, 휴스턴, 뉴욕, 로스앤젤레스는 시장 임기를 제한한다. 많은 지방 자치 단체는 **각기 다른 기간으로 시의원 임기를 제한**한다.

알고 있었나요?

대통령직 연임 선례

조지 워싱턴은 두 번의 대통령직을 마치고 기꺼이 물러났다. 제3대 대통령 **토머스 제퍼슨**도 한 차례 연임하는 선례를 남겼다. 이 선례는 오랜 시간 이어져 오고 있다.

대통령 후보 지명 & 선거

대통령 선거는
4년마다 열리며, 준비를
단단히 한 후보에게도
엄청나게 어려운 일이다.

선거가 치러지는 과정을 살펴보자.

캠페인 조직

후보자는 거대한 정치 네트워크가 필요하다.
대선 한참 전부터, 그들은 이러한 활동을 한다.

- 선거 자금 모금 시작
- 언론과 관계 구축
- 지지자 네트워크 구축

선거 자금 모금

대선을 치르려면 막대한 선거
자금이 필요하다. 따라서
후보자와 주요 지지자들은
'활동 자금' 모금 운동에
집중한다.

- 캠페인 조직 비용:
  5천만~1억 달러
  (약 555~1,109억 원)
- 본선거에 드는 비용:
  7천만 달러 이상
  (약 776억 원 이상)

예비선거와 당원대회

등록된 유권자는 예비선거와 당원대회에서 본선거에 출마할 당 후보를 선출하는 투표를 한다. 예비선거와 당원대회는 대선뿐 아니라 총선, 주 의회 선거, 지방 선거를 치를 때도 열린다.

- **개방형 예비선거**:
  유권자는 투표를 하기 위해 소속 정당을 밝힐 필요가 없다. 소속 정당에 상관없이 공화당 혹은 민주당 예비선거에 참여할 수 있다.
- **폐쇄형 예비선거**:
  유권자는 소속 정당을 밝혀야 투표에 참여할 수 있다. 폐쇄형 예비선거에서는 공화당 등록 당원만 공화당 후보에 투표할 수 있다. 민주당도 동일하다.
- **정글 예비선거**:
  정글 예비선거에서 모든 후보자는 정당 구분 없이 각자 경쟁한다. 이후 최상위 득표자 2명이 본선거의 후보가 된다.

유명한 예비선거와 당원대회

- 아이오와 당원대회
- 뉴햄프셔 예비선거
- 슈퍼 화요일의 예비선거와 당원대회

토론회

예비선거가 진행되기 1년 전부터 후보들은 공식 토론을 통해 승기를 잡을 기회를 얻고, 유권자는 후보를 비교할 기회를 얻는다.

후보 지명

각 당은 여름 전당대회에서 후보를 공식 지명한다.

선거인단 설명서

대통령과 부통령은 사실상 선거인단이 선출한다. 그 이유는 무엇일까? 헌법 제정자들은 직접 민주주의를 두려워했으며 주 정부의 이익을 지키길 바랐다. 이러한 이유로 여러 단계를 거치는 선거 방식을 고안한 것이다.

선거인(Electors)

유권자는 대통령과 부통령을 선출하지만, 실제로는 공식적인 투표를 하는 선거인단을 선출하는 것이다. 유권자는 선호하는 대통령 후보에게 투표하고 선거인단은 승리한 후보에게 투표할 것을 서약한다. 이후 선거인단은 출신 주의 주도(州都)에 모여 해당 주에 거주하는 유권자의 의사를 반영해 투표한다. 이 결과는 의회로 송부되고, 다음 해 1월에 개봉한 후 투표 결과를 집계한다.

538 선거인단 총수:

- **435** 하원의원 수
- **100** 상원의원 수
- **3** 워싱턴 D.C. (컬럼비아 특별구)에 배정된 선거인단 수

270 당선되려면 얻어야 하는 선거인단 표

대부분 주가 승자 독식 채택

주별로 가장 많은 표를 얻은 후보가 해당 주의 선거인단을 모두 차지한다.

메인 & 네브래스카

선거인단 표를 나누어 가질 수 있는 곳은 2개 주뿐이다.

공식 투표일

대통령 선거일은 11월에 있지만, 선거인단은 12월에 공식으로 투표한다.

개선 요구

선거인단 제도를 폐지하거나 개선하려면 상·하원의원 3분의 2가 헌법 수정안에 찬성하고 전체 주 4분의 3의 비준을 얻어야 한다. 많은 소도시나 시골 의원이 이 제도를 선호하기 때문에 헌법 개정은 상당히 어려워 보인다.

알고 있었나요?

5 일반 투표(popular vote)에서 졌지만, 선거인단 투표에서 이긴 대통령 수

선거인단 제도로
일반 투표에서 지고도
대통령이 될 수 있다.

타이브레이커

두 후보 모두 정확히 269명의
선거인단을 확보할 수 있다.
이 경우, 하원에서 대통령을
선출한다.

왜?

헌법과 선거인단 제도는 **각 주의 권리를 보장하고 인구가 적은 지역의 중요성을 반영한다**. 인구는 대도시에 많지만, 후보자들은 매직 넘버인 270명을 확보하기 위해 넓은 내륙 지역도 그냥 지나칠 수 없다.

어떻게?

서부와 동부 해안 도시의 수많은 유권자가 한 명의 후보에게 투표한다면, 선거인단 270명을 확보하지 못하더라도 **총 득표수에서 앞서는 일이 충분히 벌어질 수 있다**.

언제?

	일반 투표 승자	대통령 당선인	표 차이
1824	앤드루 잭슨	존 퀸시 애덤스	40,000+
1876	새뮤얼 J. 틸든	러더퍼드 B. 헤이스	254,000+
1888	그로버 클리블랜드	벤저민 해리슨	90,000+
2000	앨 고어	조지 W. 부시	544,000
2016	힐러리 클린턴	도널드 트럼프	2,300,000

4장

대통령과 행정부의 리더십

1 입성

대통령 당선인은
현직 대통령이 초청했을 경우를
제외하고 1월 20일 정오까지
백악관에 들어갈 수 없다.
따라서 백악관 입성은 절차대로
진행해야 한다.

2 새 퍼스트 패밀리

퍼스트 패밀리는 개인
소지품을 모두 챙겨
백악관에 입성할 계획을
짠다.

대통령 취임:

알아야 할 8가지

미국 대통령 선거는 보통
선거일 다음 날인 수요일 새벽이면
당선자가 확정되지만,
새로운 대통령의 임기는 이듬해
1월 20일에 시작된다.

3 새로운 직원

새 대통령은 취임할 때 무려 500명이나 되는 새로운 직원과 함께한다. 후임 대통령이 퇴임 대통령과 같은 정당 출신인 경우에도 마찬가지다.

4 장식과 단장

웨스트 윙 실내 장식에는 어떤 제한도 없다. 대통령과 행정부는 무엇이든 바꿀 수 있다. 페인트칠을 다시 하거나 가구와 벽지를 바꾸기도 하고 그 외에도 많은 것을 바꿀 수 있다. 백악관 직원은 청소와 페인트칠을 하고 카펫을 까는 일부터 백악관 집무실과 관저에 필요한 모든 것을 선정하는 등의 일을 조율한다.

5 새로운 요리사

대통령은 1월 21일 아침을 시작으로 가족의 식탁을 책임질 새로운 요리사를 선정할 수 있다.

6 사진 교체

백악관 직원은 대통령 취임일에 해야 할 일을 준비한다. 예컨대 백악관 국무회의실 복도에 걸려 있는 대통령 사진을 새 대통령의 취임식 사진으로 바로 교체하는 것이다.

7 새 전용차

새 대통령은 새 전용차를 타게 된다. 차기 대통령을 위한 리무진을 3년 전부터 미리 주문하기도 한다.

8 장례 계획

섬뜩해 보이지만, 새 대통령은 업무를 시작한 첫 주에 자신의 장례 계획을 세운다.

취임식

일정표

아침 예배

1933년부터 취임식 전에 예배에 참석하는 전통이 이어지고 있다.

행진

취임하는 대통령은 퇴임하는 대통령과 국회의사당으로 동행한다.

취임 선서식

국회의사당에서 열리는 취임식에서 부통령 당선인과 대통령 당선인 순으로 취임 선서를 한다.

취임 선서

대통령은 "미합중국 대통령의 직무를 성실히 수행하며, 내가 가진 모든 능력을 다하며, 미합중국 헌법을 보전하고 보호하고 수호할 것"을 선서한다.

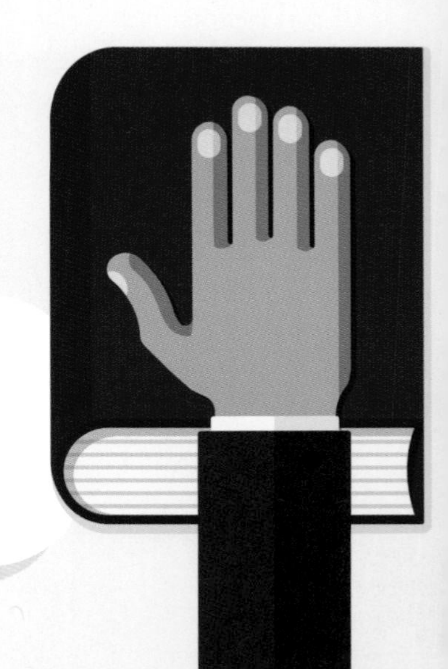

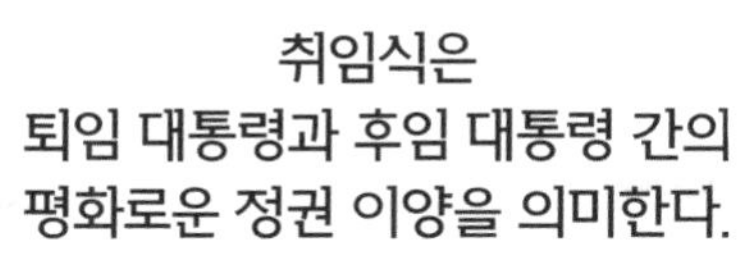

취임식은
퇴임 대통령과 후임 대통령 간의
평화로운 정권 이양을 의미한다.

취임사

신임 대통령이
취임 연설을 한다.

전직 대통령 배웅

새 대통령의 취임식이 끝나면
퇴임 대통령과 퍼스트레이디는
백악관을 떠난다.

축하 행사

취임식이 끝나면 바로
새 대통령과 내빈들은
오찬과 취임식 퍼레이드에
참석한다. 같은 날 저녁에는
초청 귀빈들과 취임식
무도회에 참석한다.

알고 있었나요?

1809년, 제임스 매디슨 대통령과
부인 돌리 매디슨 여사가 최초로
취임식 무도회를 열었다.

부통령

직무와 선출

부통령은 대통령이 사망하거나
사임 혹은 직무 불능 상태가 되면 대통령 직무를 대행할
준비가 돼 있어야만 한다.

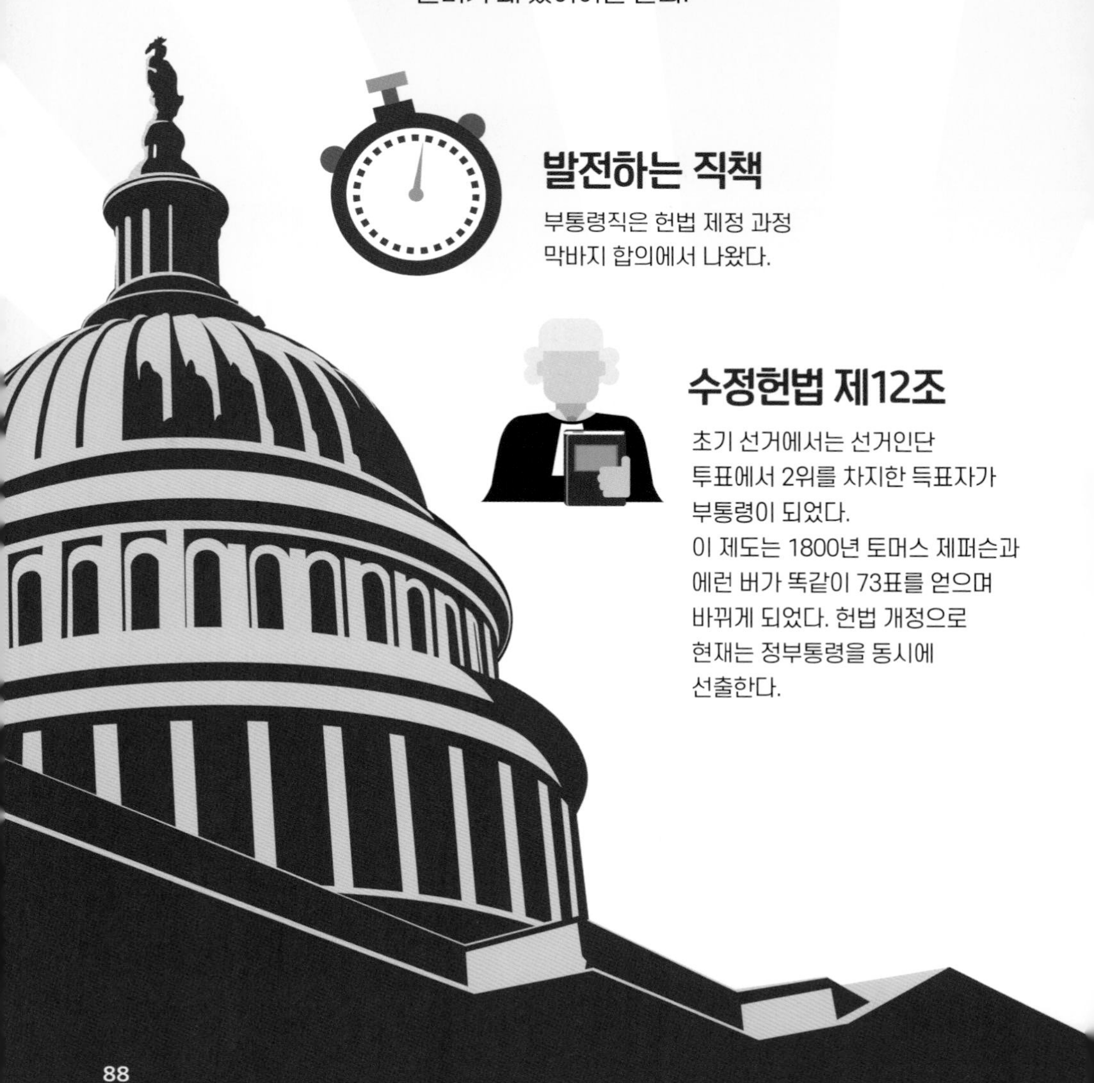

발전하는 직책

부통령직은 헌법 제정 과정
막바지 합의에서 나왔다.

수정헌법 제12조

초기 선거에서는 선거인단
투표에서 2위를 차지한 득표자가
부통령이 되었다.
이 제도는 1800년 토머스 제퍼슨과
에런 버가 똑같이 73표를 얻으며
바뀌게 되었다. 헌법 개정으로
현재는 정부통령을 동시에
선출한다.

공식 직무

유일하게 부통령만 수행할 수 있는 공식 직무는 헌법에 명시된 대로 상원 의장을 맡는 것이다. 부통령은 상원에서 가부 동수가 나올 경우에만 투표권을 행사할 수 있다. 36명의 부통령이 268표를 행사했다.

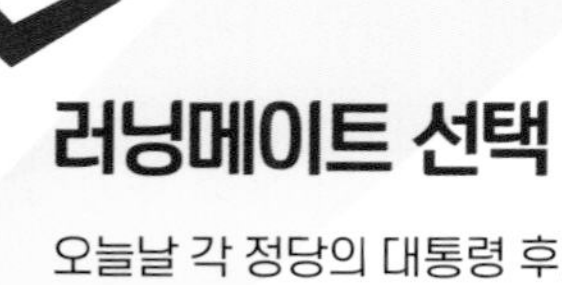

러닝메이트 선택

오늘날 각 정당의 대통령 후보는 대선 티켓에 걸맞은 자질을 갖춘 러닝메이트를 신중하게 고려한다. 더 폭넓은 유권자에게 다가갈 수 있는 경험이 있는지, 특정 지역에서 인기를 얻을 수 있는지 등을 고려한다.

알고 있었나요?

부통령이 없었던 대통령 4인:
존 타일러, 밀러드 필모어, 앤드루 존슨, 체스터 아서
이들은 후임 부통령 선임에 관한 헌법 조항이 없는 상황에서 대통령 사망과 함께 대통령직을 승계했다.

15

부통령을 거쳐 대통령에 오른 대통령 수

9명은 대통령의 사망, 사임으로 인해 대통령직을 승계했다.

존 타일러

밀러드 필모어

앤드루 존슨

체스터 아서

시어도어 루스벨트

캘빈 쿨리지

해리 트루먼

린든 B. 존슨

제럴드 포드

6명은 부통령을 역임하고 대통령에 선출됐다.

존 애덤스

토머스 제퍼슨

마틴 밴 뷰런

리처드 닉슨

조지 H.W. 부시

조 바이든

계승권 제1위

대통령직 승계 한눈에 살펴보기

헌법에 명시

"대통령이 면직, 사망, 사임,
권한 및 직무를 수행할 능력을 상실할 경우
대통령 직무는 부통령에게 이양된다."

최초로 대통령직을 승계한 부통령

1841년, 존 타일러 부통령은
윌리엄 헨리 해리슨 대통령이 임기 중 사망하자
'대통령 대행' 역할을 했다. 이 방식이
부통령이 대통령으로 승격하는 선례를 남겼다.

대통령 승계법

1947년 통과된 이 법은 공식적인 승계 순서를 정했다.

1. 부통령
2. 하원 의장
3. 상원 임시 의장
4. 국무부 장관
5. 재무부 장관
6. 국방부 장관
7. 법무부 장관
8. 내무부 장관
9. 농무부 장관
10. 상무부 장관
11. 노동부 장관
12. 보건 복지부 장관
13. 주택 도시 개발부 장관
14. 교통부 장관
15. 에너지부 장관
16. 교육부 장관
17. 보훈부 장관
18. 국토 안보부 장관

알고 있었나요?

8 재임 중 사망한 대통령

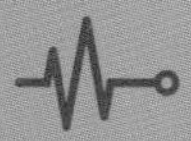

4 지병으로 사망한 대통령:

윌리엄 헨리 해리슨 • 1841
폐렴 (취임 30일 만에 사망)

재커리 테일러 • 1850
급성 콜레라 혹은 위장염

워런 G. 하딩 • 1923
심근 경색

프랭클린 델러노 루스벨트 • 1945
뇌출혈

4 암살당한 대통령:

에이브러햄 링컨 • 1865
제임스 가필드 • 1881
윌리엄 매킨리 • 1901
존 F. 케네디 • 1963

대통령의 일과

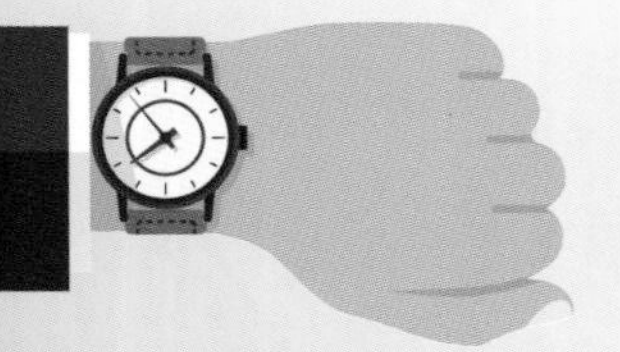

대통령의 하루는 회의, 행사, 보고,
연설, 공개 행사로 채워져 있다.
평소 일과를 살펴보자.

언론 브리핑

의원, 각료, 고문들과 회의

국가 정상들과 대면
혹은 전화 회담

연방수사국(FBI), 중앙정보국(CIA),
국가안전보장국(NSA),
국토 안보국과 안보 브리핑

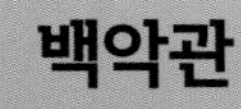

백악관

1800년 지어진 백악관은 존 애덤스 대통령
때부터 모든 대통령의 거주 공간이자
업무 공간이 되었다.

대통령은 임기 4년 동안 하루 24시간 일주일 내내 대통령 업무를 수행한다. 대통령은 낮과 밤을 가리지 않고 언제라도 즉각 행동을 취할 수 있어야 한다.

출장

대통령은 출장이 잦다. **연평균 국내 출장은 60일, 해외 순방은 20일** 정도다. 중간 선거나 대선이 있는 기간에는 출장 횟수도 늘어난다.

내각

내각의 구성과 임무

내각은 대통령에게 **조언하는 역할을 하며 선출하지 않고** 대통령이 지명한다.

알고 있었나요?

미국 내각은 **영국 의회의 추밀원**에 뿌리를 두고 있다. 당시 추밀원 의원들은 군주에게 정치 문제에 관한 방향을 제시하기도 했다. 내각은 **핵심 내각**(대통령과 접촉이 잦은 부처)과 **하위 내각**(상대적으로 대통령 접촉이 적은 부처) 중 하나로 부를 수 있다.

최초의 내각

초기 내각은 **국무부, 전쟁부(현 국방부), 재무부, 법무부 장관(검찰총장)** 이렇게 4개 부서만 있었다. 조지 워싱턴은 각료들이 정책 고문이자 부처 관리자 역할을 해야 한다고 생각했다. 조지 워싱턴의 행정부는 여러 가지 면에서 오늘날까지 내려오는 선례를 남겼다.

내각 구성

내각 구성은 대통령 당선인이 가장 먼저 해야 하는 임무 중 하나이다. 대통령 당선인은 측근, 오랫동안 관계를 맺어온 인물, 선거 운동 공로자, 선출직 공직자, 민간 부문 전문가를 인선 대상자로 고려한다. 대통령은 내각을 구성할 때 화해의 손길을 내밀어 야당 인사를 지명할 수도 있다.

퍼스트레이디

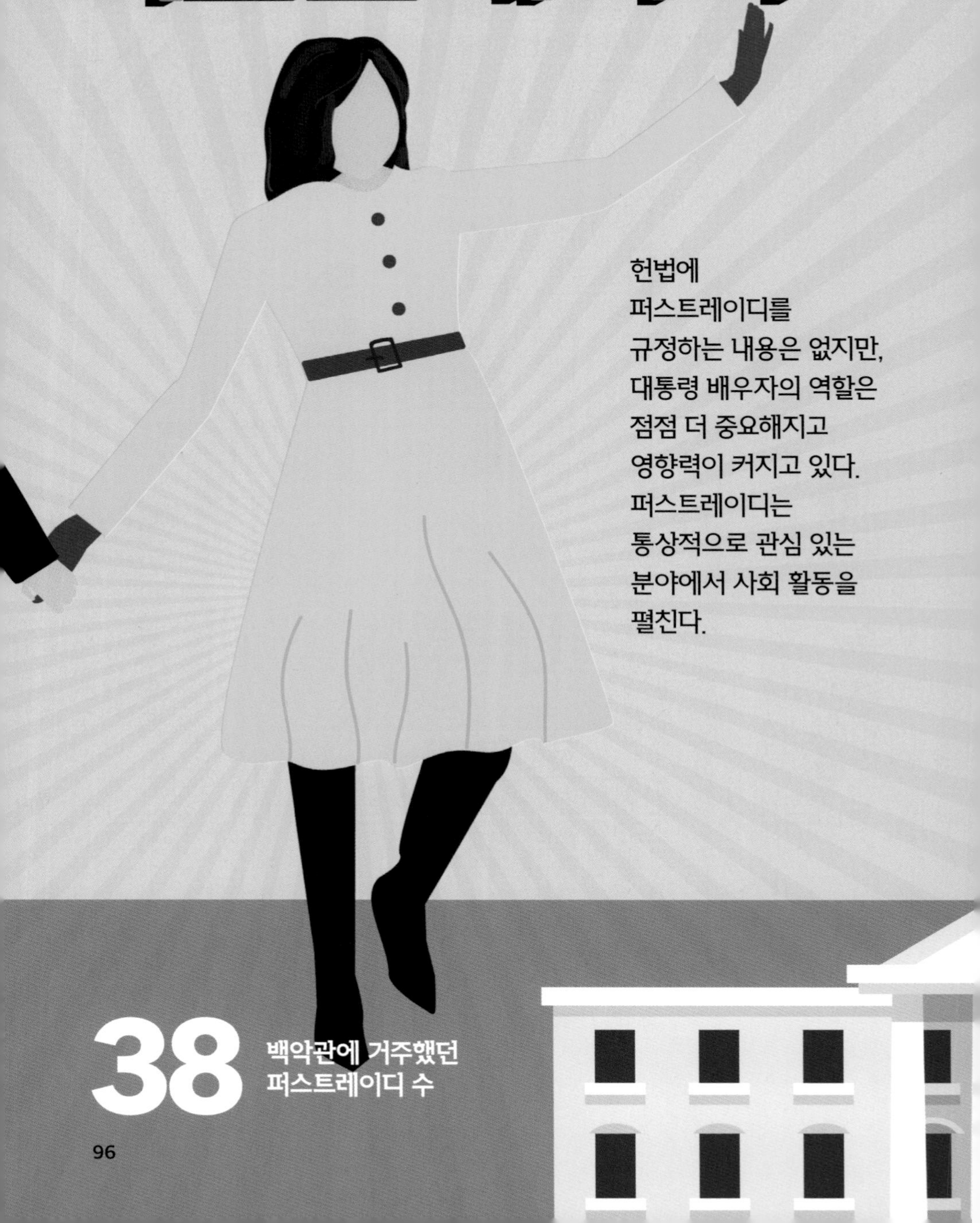

헌법에
퍼스트레이디를
규정하는 내용은 없지만,
대통령 배우자의 역할은
점점 더 중요해지고
영향력이 커지고 있다.
퍼스트레이디는
통상적으로 관심 있는
분야에서 사회 활동을
펼친다.

38 백악관에 거주했던
퍼스트레이디 수

유명한 퍼스트레이디 6인과 사회활동

엘리너 루스벨트
1933-1945

엘리너 루스벨트는 행동주의와 사회 복지 사업에 대한 열정으로 영부인의 역할을 안주인에서 사회 운동가로 바꿨다.

재클린 케네디 오나시스
1961-1963

백악관을 아름답고 우아하게 바꿨으며 백악관 역사 협회(WHHA)를 설립했다.

베티 포드
1974-1977

약물 남용 문제에 대한 인식을 높이고 이와 싸우기 위해 베티 포드 센터를 세웠다.

낸시 레이건
1981-1989

청소년이 술과 마약을 떨칠 수 있도록 '아니라고 말하라(Just say no)' 캠페인을 주도했다.

로라 부시
2001-2009

문맹 퇴치 운동을 벌이고 9·11테러 이후 희생자 유족을 위로하는 데에 주도적인 역할을 했다.

미셸 오바마
2009-2017

학교 급식 프로그램을 개선하고 건강식의 접근성을 높였으며 특히 아동의 신체적, 정신적 건강에 관심을 쏟았다.

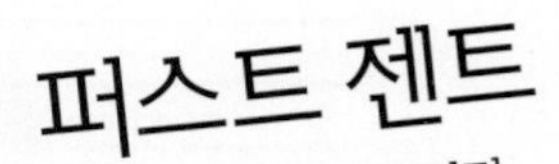

퍼스트 젠트

퍼스트 젠틀맨의 줄임말
명사

여성 대통령의 배우자는 어떻게 칭해야 할까?

'퍼스트 젠트(First Gent)'가 가장 유력해 보인다.

대통령은 임기 중 사망, 사임, 탄핵을 통해서만 대통령직에서 물러날 수 있다.

탄핵이란?

탄핵이란 정부 공직자의 위법 행위에 대하여 국회가 소추하는 과정을 말한다. 통상적으로 재임 중에 저지른 범법 행위를 대상으로 한다. 이후 탄핵 심판이 진행되고 유죄가 선고되면 공직자는 파면된다.

권력 견제

헌법 제정자들은 탄핵이 권력을 견제하는 강력한 도구라고 생각했다. 탄핵 대상에는 대통령뿐 아니라 연방 공직자도 포함된다.

왜?

탄핵 사유

헌법은
탄핵 사유로
'반역죄, 뇌물죄, 중대 범죄, 비행'을 명시했다. 다만 어떤
행위가 이에 해당하는지는 명확하게
언급하지 않았다.

언제?

3

탄핵 소추된 대통령

앤드루 존슨, 1868
빌 클린턴, 1998
도널드 트럼프, 2019

모두 상원에서 부결됐다.

1

사임한 대통령

리처드 닉슨, 1974

리처드 닉슨 대통령은 탄핵 절차에
접어들자 사임했다.

어떻게?

하원의 역할

하원은 탄핵 사유를 결정할 수 있는 유일한 기관이다.
하원은 또한 탄핵소추안을 상정하고 탄핵소추안을
법사위에 제출할 수 있다. 하원의 과반수가 '찬성'하면
탄핵소추안이 통과된다.

상원의 역할

상원은 탄핵 심판을 통해
해당 공직자가 유죄인지
무죄인지 가린다.

국가 안전하게 지키기

국가 안보, 베일 벗기기

네 개의 안보 기관은
국가와 국민을 보호하는 역할을 한다.

연방수사국 (FBI)

- FBI는 미국 국민을 보호하고 헌법을 수호하는 임무를 맡는다.
- FBI는 1908년 설립되었으며, 미 전역에 400개 이상의 지역 사무소를 두고 있다.
- 존 애드거 후버 전 국장의 권력 남용으로 국장 임기를 10년 단임으로 제한했다.

알고 있었나요?

FBI는 금주법 시대에 알 카포네와 존 딜린저 같은 악명 높은 범죄자를 체포하는 데 활약했다.

국가안전보장국 (NSA)

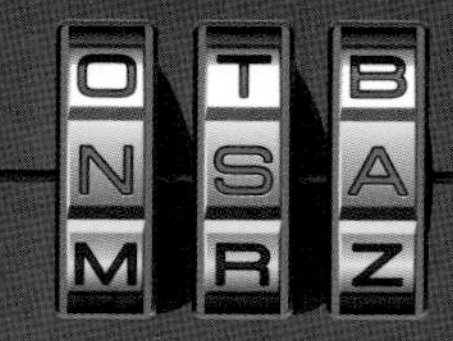

- 제2차 세계대전 동안 활동하기 시작했으며 1952년에 공식적으로 창설됐다.
- NSA의 임무는 국외 통신을 감청하고 사이버 공격으로부터 미국을 보호하는 것이다.
- 비밀리에 다른 나라의 전자 정보를 수집한다.

중앙정보국 (CIA)

- 제2차 세계대전 기간에 이뤄진 정보 수집 활동이 1947년 공식 창설로 이어졌다.
- CIA의 임무는 대외 정보를 수집, 분석하고 대통령과 미 정부 고위 당국자에게 보고하는 것이다.
- 대통령만 CIA에 비밀공작 업무를 지시할 수 있다.

CIA는 시리아, 이란, 과테말라, 인도네시아, 콩고 등 전 세계에서 일어난 쿠데타, 암살과 연루되어 왔다.

국토안보부 (DHS)

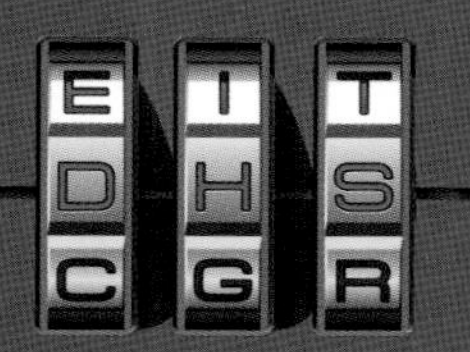

- 9·11 테러 이후 창설된 기구
- 해안경비대, 비밀경호국, 교통안전청 등을 산하 기관으로 두고 있다.
- 국방부를 창설한 이후 가장 큰 규모의 정부 조직 개편이었다.

공무원

연방 관료제는 내각과 세 개의 기관(**공사, 독립 행정 기관, 독립 규제 위원회**)으로 구성되어 있다. 이곳에서 종사하는 이는 모두 공무원이다.

공사

공사는 정부의 상업적인 활동을 위해 설립되었으며 아래 기관을 포함한다.

» 미국우정공사(USPS)
» 연방예금보호공사(FDIC)
» 전미여객철도공사(Amtrak)

독립 행정 기관

대통령에게 직접 보고하는 기관이며 아래 기관을 포함한다.

» 중앙정보국(CIA)
» 중소기업청(SBA)
» 미항공우주국(NASA)
» 평화봉사단(Peace Corps)

독립 규제 위원회

특정 경제 분야에서 조정과 규제 역할을 맡기려고 설립했다.

» 연방통신위원회(FCC)
» 소비자제품안전위원회
» 증권거래위원회
» 원자력규제위원회

1871 공무원 제도가 도입된 해

정부 기관에서 근무하는 대략적인 인원수 (인사관리처 자료 기준) **280만 명**

5장

미국 지방 정부

개관

미국은 연방제 국가이다.
즉, 연방 정부와 주 정부는 권력을 나눠 가지며,
건전한 긴장 관계를 형성하고 있다.
작동 방식은 아래와 같다.

연방 정부 권한 vs. 주 정부 권한

국제 문제

국방

교육

범죄 통제

주택

조세

독점 영역

연방 정부가
독점적으로 통제

공유 영역

연방 정부와 주 정부가
권한을 공유

주지사

주지사는 최고위 주 선출직 공무원으로 주 행정을 총괄한다.
원래 식민지 시대에는 왕이 임명하는 직책이었으며,
오늘날의 주지사직은 대통령직을 본떠서 만든 것이다.

주지사직을 거쳐 대통령이나 부통령에 당선된 사람은 20명 이상이다.

같은 구조, 작은 규모

각 주에는 주 헌법과 삼부(입법부, 행정부, 사법부)가 존재한다. 모든 부분이 서로 일치하는 주는 없다.

주 헌법

주 헌법은 '미국 최고법'에 구속된다. 따라서 연방 헌법과 충돌하는 주 헌법 조항은 위헌으로 간주된다.

숫자로 보기

가장 짧은 주 헌법:
버몬트
8,000 단어

가장 긴 주 헌법:
앨라배마
300,000단어

엉뚱한 조항

캘리포니아:
과일 상자의 크기 명시

오클라호마:
공립 학교는
농업이 필수 과목

지방 사안

카운티 정부

카운티 정부는 미국 대부분의 주 정부에 존재하는
지방 정부의 가장 일반적인 행정 구역이다.
(단, 예외인 경우도 있다.)

기원

카운티는 중세 시대 잉글랜드의 주(shire)를 본떴다.
각 주(shire)는 중앙정부의 행정 기구 역할을 했다.
초기 신세계로 이주한 아메리카 식민지 개척자가
이 체제를 차용했다.

카운티 정부는 세 가지 기본적인 형태로 나뉜다.

위원회형

의회가
입법 기능과
행정 기능도
담당한다.

의회-임명 행정관형

의회에서 전문
행정관을 임명한다.

의회-민선 행정관형

선출된 카운티장이
행정부의 수장
역할을 한다.

다리

카운티 정부는 주 정부와 지방 정부를 잇는 다리 역할을 한다.
카운티 정부의 대표적 역할은 다음과 같다.

부동산 가치 감정 및 재평가

출생, 사망, 혼인 증명 등 공식 기록 보관

세금 징수

도로 및 고속 도로 유지 보수

지자체 건물 건설 및 유지 보수

식료품 지원, 사회 복지 등 공공 부조

예외

카운티 정부가 없는 네 개 주:

알래스카
버러(borough)라는 명칭 사용

코네티컷
1960년 카운티 정부 폐지

루이지애나
패리시(parish)라는 명칭 사용

로드아일랜드
카운티 지방 정부 부재

지역 사안

시 정부

건국 시기에 미국은 농촌 지역의 연합체였다.
오늘날은 그 반대다.
인구의 거의 80%가 인구 5만 명 이상의 도시 혹은 그 근교에 산다. 또한 지역마다 시 정부의 종류도 다르다.

법인화

법인화란 시를 주 정부와 카운티 정부로부터 위임된 권한을 지닌 합법적인 정부 독립체로 규정하는 것을 의미한다.
법률과 규정은 주민(투표권자)이 승인하며, 시는 교통, 쓰레기 수거 등과 같은 행정 서비스를 주민에게 제공한다.

설립

시는 시민 단체가 법인화로 가는 첫 단계인 헌장을 만들 때 공식적으로 설립된다.

법인화된 시는 네 가지 형태 중 하나를 선택해야만 한다.

1 시장-시 의회형 — 시장과 의회(단원제)는 투표로 선출된다.

2 시 의회 관리자형 — 선출된 의회가 관리자를 임명한다.

3 시 위원회형 — 선출된 위원회가 시 운영을 맡고 기관을 감독한다.

4 뉴잉글랜드 타운 회의 — 투표권을 가진 주민이 1년 예산, 세금, 학교 지출과 그 외 정부 사안을 결정한다. 매사추세츠, 코네티컷, 버몬트, 로드아일랜드, 뉴햄프셔, 메인에서만 실시한다.

시, 타운, 빌리지... 어떻게 다를까?

일반적으로 시는 타운보다 규모가 크고 공식적으로 법인화됐다. 타운, 빌리지와 같은 지역 사회는 법인화되지 않은 곳도 있다. 많은 시에서 법인화되지 않은 인근 타운 등의 지역 사회에 행정 서비스를 제공한다.

헌장

주 헌법과 마찬가지로 도시 헌장은 시 정부의 조직과 권한을 규정한다.

언론의 자유

대중 매체와 정부

정보, 사상, 의견을 자유롭게 전달하는 것은 진정한 민주주의에 매우 중요하다. 미국 대중 매체는 전국적인 주제에서 지역적인 주제까지 다루며 여러 차원에서 뉴스를 전달한다.

수정헌법 제1조

정부 권력 견제를 위해
언론의 자유를 보장

무엇이 뉴스 가치가 있나?

매번 다르다. 전국적인 주제로는, 매일 세 개의 권력 기관에서 수백 건의 의사 결정을 내리고 사건이 발생하기 때문에 기자는 무엇을 보도할 것인지 결정해야 한다. 지역적인 주제에 관해서 언론은 연방 정부나 주 정부의 결정이 지역 주민에게 어떤 영향을 미칠지를 중점적으로 보도한다.

탐사보도

탐사 보도는 시민과 시민의 자유에 부정적인 영향을 미칠 수 있는 부정부패, 뇌물, 권력 남용 등을 폭로한다.

달라진 풍경

식민지 시대에 언론은
주간 신문이었다. 오늘날
디지털 시대에 '언론'은
중앙 · 주 · 지방 신문, 정보 사이트 및
뉴스 제공 웹사이트, 팟캐스트,
TV 방송국 등을 포함한다.

언론의 책임

- 사건과 사건의 전개 과정 보도
- 정부 기관 감시
- 생각과 의견 교환 활성화
- 대선과 주 후보 그리고 지방 후보 지지

여론 형성

선거 후보는 언론을
이용해 **어떤 사안에
대한 입장을 밝히고,
헤드라인을 장식하고,
여론을 형성할 수 있다**.
지역 행사, 기자 회견, 논평과 기고, 주
혹은 지역 정치 방송, 토론 프로, 소셜
미디어, 인쇄 매체, 선거 관련 보도 등을
이용한다.

크고 작은 영향력을 행사하는 이익 집단

미국에는 수많은 이익 집단이 존재한다. 이익 집단은 정치 과정에서 영향력을 행사하기 위해 시민이 조직한 집단이다. 이익 집단은 기본적으로 세 가지 범주로 나뉜다.

경제 이익 집단

각자의 사업상 우선순위를 보호하고 확장하려는 집단으로 노동조합, 전문직 협회, 상공 회의소 등이 포함

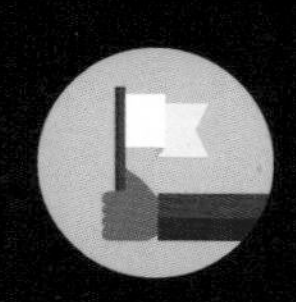

공익 집단

시민의 권리와 자원 보호를 추구하며, 시민 자유 단체, 환경 단체, 지역 사회 혹은 사회의 이익을 증진하는 시민 주도의 지역 단체가 해당

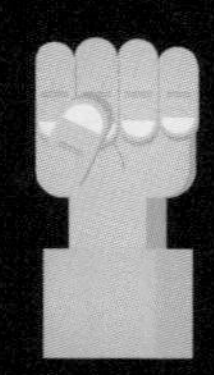

이슈 중심 집단

낙태 권리 옹호 단체, 총기 규제 단체 등 특정 사회 문제에 초점을 맞춰 결성된 단체

★ 역사 ★

1770년대에
최초로
독립 지지 단체가
부상했다.

미국 의학
협회

번영을
위한
미국인들

전미
총기 협회

대표적인 이익 집단

오늘날 미국에서
자금력과 회원 수로 봤을 때
가장 규모가 큰
특수 이익 집단이다.

미국 은퇴자 협회
AARP

무브온
(진보주의
시민 단체)

미국
상공 회의소

미국 교육
협회

초대 의회부터 로비스트는 공공 정책을 수립하고 법을 만드는 의원에게 영향을 끼쳤다.

알고 있었나요?

로비스트 수는 의원 수의 23배이다.

로비

자신이 속한 집단의 우선순위와 의견을 알리며
의원에게 영향을 미치려는 과정이다.
연방 로비스트는 상•하원 사무국에 등록해야 한다.

로비스트는 핵심 입법자와 직접 접촉하고
자신을 고용한 이익 집단에 방대한 네트워크와
정치적 과정에 대한 폭넓은 지식을 제공한다.
그 밖에 로비스트가 제공하는 것은 다음과 같다.

» 회의 주선
» 법률 입안 지원
» 청문회 증언
» 시위 조직
» 선거 자금 모금 행사 개최
» 언론 대응
» 광고 캠페인 진행
» 소송 제기
» 기타

연방 정부, 주 정부, 지방 정부 로비스트

로비 활동은 지방 정부부터
연방 정부까지 영향력을
행사한다.

회전문

많은 전직 의원은 임기를
마치고 폭넓은 인맥을 이용해
로비스트가 된다.

우리가 할 수 있는 것

정치 과정에 들어서기

지방 정부 내에 있는 선출직 공무원에 도전하는 것은 많은 시민들이 정치 과정에 들어설 수 있는 출발점이다.

OPEN

문은 모두에게 열려 있다

건국의 아버지들은 오늘날 직업 정치인과 공무원뿐 아니라 **모든 시민이 참여할 수 있는** 정부 체제를 만들었다. 많은 지방 공무원은 다른 상근직 일을 하며 지방 정부 업무를 본다.

공직에 출마하기 전에 지역 후보의 선거 운동 자원봉사를 하며 소중한 경험을 쌓을 수 있다.

이유와 동기

많은 지역 정치인과 지망생은 다음과 같은 이유로 공직에 출마한다.

- 다른 사람들에게 영감을 주려는 욕구
- 공공 서비스에 대한 헌신
- 현재 상황을 바꾸려는 욕구
- 더 높은 관직으로 가는 데 필요한 경험을 쌓고자 하는 바람

입문

시민들은 정치 입문 단계의 공직을 통해 도약을 위한 발판을 마련하고 소중한 경험을 쌓을 수 있다. 이런 공직을 예로 들 수 있다.

- 도서관 수탁자
- 빌리지 이사회 혹은 타운 의회 의원
- 교육 위원회
- 시간제 의원 혹은 행정 위원 같은 카운티 의회급 선출직 공무원

시작하기

공직에 진출하려면 지지 기반이 필요하다. 타운과 카운티마다 규정은 다르지만, 많은 경우 공직에 입후보하려면 일정 수 이상의 청원인에게 지지 서명을 받아야 한다. 지원자가 시작에 앞서 알아야 할 정보는 다음 홈페이지에서 확인할 수 있다.

www.runforoffice.org

POWER

민중의 힘

유명한 운동과 시위

보너스 아미
워싱턴 행진
1932

직업과 자유를 위한
워싱턴 행진
1963

백만인 행진
1995

수정헌법 제1조는 법과 정책의 수정을 지지하거나 반대하는 집회를 조직할 수 있는 권리를 보장한다. 건국의 아버지들은 영국의 통치에 반대하며 나라를 세웠기 때문이다. **언론과 집회의 자유는—사실상 반대의 목소리를 낼 수 있는 기본권—헌법의 필수적인 주춧돌이 되었다.**

풀뿌리 운동, 지역 사회 조직, 집회, 공식적인 시위 등 여러 형태로 법과 정책에 반대할 수 있다.

월가 시위

2011

여성 행진

2017

여성 행진은 단일 시위로는 역사상 최대 규모였다.

이 책을 만든 사람들

AUTHOR 자라 컨

기업가적 면모를 유치원생 때부터 발휘했다. 장난감 브랜드 하스브로에 '마이 리틀 포니' 새로운 라인에 대한 아이디어를 편지로 썼는데, 그 안에는 제품 이름, 마케팅 문구, 자세한 삽화까지 포함돼 있었다. 컨은 '마이 리틀 포니'에서 관심을 돌렸지만, 아이디어를 정리해 반짝이는 카피로 표현하는 재주는 여전했기에 마케터로도 성공할 수 있었다. 전략을 세우거나 글을 쓰지 않을 때는 달리거나 세 자녀와 함께 새와 벌레에 대해 배우는 데 열심이다. 컨은 오벌린 음악원에서 음악 공연 학위를, 위스콘신대학교 매디슨캠퍼스에서 경영학 석사 학위를 취득했다.

DESIGNER 카리사 라이틀

마케터 출신 디자이너다. 타이포그래피와 삽화 그리고 디자인을 아름답게 녹일 수 있기에 인포그래픽 만드는 걸 좋아한다. 드폴 대학교에서 마케팅을 배웠고, 이후 시카고 예술 대학에서 시각 소통 디자인을 전공한 후 프리랜서 디자이너가 됐다. 15년이 지난 지금은 빛나는 수상 경력으로 모든 부문을 다루는 디자인 회사 라이트 앵글 스튜디오(Right Angle Studio)를 운영한다. 비슷한 기업 운영 철학을 지닌 마케팅 최고 책임자 출신 남편 패트릭과 창의적인 통찰력과 마케팅 노하우 간의 균형을 맞춰가며 회사를 원활하게 운영하고 있다. 휴식할 때는 자녀들과 함께 미시간호 주변에서 자유 시간을 즐기곤 한다.

TRANSLATOR 강보미

연세대학교 노어노문학과를 졸업한 후 해외영업 분야에서 근무했다. 현재는 다양한 분야에서 프리랜서 번역자로 활동하고 있다.

초판 1쇄 펴낸 날 | 2021년 1월 22일

지은이 | 자라 컨, 카리사 라이틀
옮긴이 | 강보미
펴낸이 | 홍정우
펴낸곳 | 브레인스토어

책임편집 | 박진홍
편집진행 | 양은지, 박혜림
디자인 | 이유정
마케팅 | 김에너벨리

주소 | (04035) 서울특별시 마포구 양화로 7안길 31(서교동, 1층)
전화 | (02)3275-2915~7
팩스 | (02)3275-2918
이메일 | brainstore@chol.com
블로그 | https://blog.naver.com/brain_store
페이스북 | http://www.facebook.com/brainstorebooks
인스타그램 | https://instagram.com/brainstore_publishing

등록 | 2007년 11월 30일(제313-2007-000238호)

ISBN 979-11-88073-63-4 (03340)